RISCO DIGITAL NA WEB 3.0

LEONARDO SCUDERE

RISCO DIGITAL NA WEB 3.0

Impactos, desafios e dilemas da internet de 3ª geração e seu impacto nos negócios, governos e na defesa cibernética

ELSEVIER

CAMPUS

© 2015, Elsevier Editora Ltda.

Todos os direitos reservados e protegidos pela Lei no 9.610, de 19/2/1998.

Nenhuma parte deste livro, sem autorização prévia por escrito da editora, poderá se reproduzida ou transmitida sejam quais forem os meios empregados: eletrônicos, mecânicos, fotográficos, gravação ou quaisquer outros.

Copidesque: Adriana Araujo Kramer
Revisão Gráfica: Carolina Godoi Cersosimo
Editoração Eletrônica: WM Design

Elsevier Editora Ltda.
Conhecimento sem Fronteiras
Rua Sete de Setembro, 111 – 16º andar
20050-006 – Centro – Rio de Janeiro – RJ – Brasil

Rua Quintana, 753 – 8º andar
04569-011 – Brooklin – São Paulo – SP – Brasil

Serviço de Atendimento ao Cliente
0800-0265340
atendimento1@elsevier.com.br

ISBN 978-85-352-7292-5
ISBN (versão eletrônica) 978-85-352-7293-2

Nota: Muito zelo e técnica foram empregados na edição desta obra. No entanto, podem ocorrer erros de digitação, impressão ou dúvida conceitual. Em qualquer das hipóteses, solicitamos a comunicação ao nosso Serviço de Atendimento ao Cliente, para que possamos esclarecer ou encaminhar a questão.

Nem a editora nem o autor assumem qualquer responsabilidade por eventuais danos ou perdas a pessoas ou bens, originados do uso desta publicação.

CIP-Brasil. Catalogação na publicação.
Sindicato Nacional dos Editores de Livros, RJ

S442r
   Scudere, Leonardo
      Risco digital na web 3.0 / Leonardo Scudere. - 1. ed. - Rio de Janeiro : Elsevier, 2015.

      il. ; 23 cm.

      ISBN 978-85-352-7292-5

      1. Computação. I. Título.

14-16702   CDD: 004
       CDU: 004

08/10/2014   08/10/2014

Dedico este livro à memória do meu querido e amado pai, que nos deixou após uma longa luta contra seu segundo derrame. Suas atitudes simples, porém sempre pautadas pela preservação e respeito à etica e à honestidade e sua dedicação integral ao bem-estar da família estarão presentes em mim por toda a minha vida.

AGRADECIMENTOS

Ao meu brilhante filho Leo, que com sua inteligência única veio a este mundo para nos deixar algo de especial.

Às minhas pacientes, sempre cuidadosas e zelosas mãe e irmã, que me deram todo o apoio familiar ao longo deste ano de trabalho contínuo.

À minha mulher Rina, fonte contínua de energias positivas, alegria, amor e tolerância nas longas viagens e horas noturnas dedicadas a pesquisas, desenvolvimento e produção desta obra.

O AUTOR

LEONARDO SCUDERE é mestre em *International Business Management* pela Thunderbird School of Global Management com certificações em segurança tecnológica pela Universidade Carnegie Mellon, pelo SEI (Software Engineering Institute) e pelos US-CERT (United States Computer Emergency Readiness Team) nas áreas de CSIRTs (Computer Security Incident Response Teams), OCTAVE (Operationally Critical Threat, Asset and Vulnerability Evaluation) e Evidence Gathering & Forensics Investigations. É palestrante internacional filiado às entidades ISACA, ACFE, InfraGard e HTCIA-Washington. Fundou e foi o primeiro presidente do Capítulo Brasil da HTCIA (High Technology Crime Investigation Association). Também fundou e foi presidente da ISS (Internet Security Systems) para o Brasil e o Mercosul.

Foi diretor executivo da BRS Labs Inc. para a América Latina, vice-presidente para a América Latina da CA (Computer Associates), executivo sênior da IBM LatinAmerica nas áreas de gestão de riscos e segurança e divisão de software Tivoli, colaborador do Banco Mundial sobre Riscos em Transações Financeiras por Meios Eletrônicos e diretor executivo da Oracle e do Banco BBVA.

Atualmente é managing director & partner da Cyberbric, diretor executivo para América Latina da NARUS (subsidiária da Boeing), VidSys, Inc e consultor de desenvolvimento de negócios para a Divisão de Defesa, Espaço e Segurança da Boeing Corporation.

É autor dos livros *Risco digital* (2006), publicado pela Elsevier, e coautor do livro *Manual de direito eletrônico e internet*, publicado pela editora Lex, além de ter várias colunas e artigos publicados em sites e revistas.

scudere@cyberbric.com
lscudere@vidsys.com
lscudere@brslabs.com

APRESENTAÇÃO

A publicação de *Risco digital*, em outubro de 2006, abriu para mim um grande número de oportunidades e interações, algo que eu não tinha previsto inicialmente ao escrever a obra. Sinto como se tivesse iniciado uma jornada, com certo domínio das variáveis iniciais, mas sem saber ao certo o destino final, que atua como um componente altamente energético, mantendo-me ativo e em movimento devido à riqueza dos constantes desafios e dos novos conhecimentos gerados.

Fortes transformações ocorreram na minha vida profissional neste ciclo de oito anos, no qual incorporei as questões da segurança física e todo um novo ecossistema e dinâmica desse mercado, chegando mais adiante ao universo da defesa militar através da sua dimensão cibernética, o que se tornou um tema prioritário para a defesa e a inteligência nacional nos países do G-8.

Ao longo dessa atuação consultiva e executiva, mantive sempre um olhar atento ao imenso número de pessoas que passaram a utilizar com mais frequência os meios digitais, em especial os jovens, que cada vez mais precocemente iniciam sua vida nesse ambiente.

A crescente temática da defesa e guerra cibernética é tratada no Capítulo 1 dentro do contexto evolutivo da internet chegando ao momento atual e encontrando as grandes ondas do *big data* e do *cybersecurity*. Surgem imensos desafios aos profissionais do setor na antecipação dos atos de criminosos e usuários mal intencionados. Apresento a questão da inteligência analítica que, através de algoritmos de inteligência artificial, trazem a esperança de um entendimento dos movimentos preparatórios nas várias dimensões do tráfego digital, em especial sobre as novíssimas técnicas de análise semântica aplicadas à defesa cibernética preventiva e proativa.

Dediquei um espaço considerável no Capítulo 2, sobre segurança pública e governamental, às minhas reflexões sobre os possíveis papéis do Estado na questão cibernética, analisando o tema sob uma visão conceitual e não técnica. Vivemos um renascimento dos sentimentos preocupantes do período da Guerra Fria, em que a polaridade Estados Unidos x União Soviética ressurge sob novas características e variáveis, porém sendo alimentada pelos fortes sentimentos nacionalistas e separatistas que governantes manipulam no sentido da obtenção de mais poder e controles. Sobrepõem-se a essa verdade o aspecto anárquico da estrutura da internet que, associada ao desconhecimento técnico, produz de tempos em tempos tentativas de isolar, segregar, controlar ou até eliminar a internet em muitos países. Analiso este fator perturbador para governos com ambições totalitárias e/ou separatistas naquele capítulo e as possíveis consequências e posicionamentos para as populações e seus líderes envolvidos.

Não poderia abster-me de inserir minha visão particular, advinda da experiência prática sobre investigações de casos de espionagem industrial e propriedade intelectual no Capítulo 3. Talvez você venha a discordar da minha opinião parcial ou mesmo totalmente, seja por questões político-sociais, seja por questões relativas à sua forma de entendimento da sociedade moderna e das estruturas de poder. No calor dos acontecimentos do segundo semestre de 2013, inúmeras notícias, opiniões e atitudes, que poderiam ser classificadas tranquilamente como inócuas e/ou precipitadas, surgiram motivadas pela forma com que os acontecimentos inicialmente foram apresentados à grande mídia. O tempo e os fatos concretos iriam trazer serenidade a essas mentes limitadas que tentaram em vários continentes desestruturar a forma como a internet opera.

A votação positiva na Câmara dos Deputados do Marco Civil da internet no Brasil no fim de março de 2014 reflete esse consenso e finalmente traz à luz um ato regulatório no qual os dados deverão ser mantidos pelos provedores e operadoras por no mínimo seis meses, o que do ponto de vista legal e investigativo forense digital permitirá a realização dos procedimentos de formação de provas e evidências sobre uma matéria-prima (os dados dos dispositivos rígidos e do tráfego das redes) com vida útil razoável. Afirmo que os crimes digitais, têm nas média, um período de preparação e planejamento de 12 a 18 meses. É portanto correto afirmar que seis meses ainda é um período pequeno. Como descrevi, as técnicas de *hacking* atualmente são muito simples e de fácil acesso e ativação pelas células criminosas, então vamos considerar que esses seis meses são uma vitória inicial face a grande batalha contra as inúmeras resistências e interesses econômicos que obviamente foram atingidos.

Chegamos ao Capítulo 5, sobre educação, ética e comportamento. Minha intenção original era equilibrar as três dimensões do uso do ambiente digital criando um elo entre elas. O conteúdo traz fatos e tendências fantásticas das novas fronteiras do universo digital que o mercado agregou em um termo conhecido como *internet of things*, ou internet das coisas. Inúmeros e fascinantes novos dispositivos chegarão ao mercado, sendo o Google Glass aquele que traz o maior fator de inovação e expectativas no momento. Nessa categoria estarão também no mercado várias tecnologias que buscam satisfazer nossas preocupações e necessidades com a manutenção da saúde, qualidade de vida e envelhecimento saudável.

Em contraste com essa parte positiva do capítulo, apresento a terrível tendência do *cyberbuylling* refletida por alguns eventos recentes que nos chocam, como profissionais do setor e pais de família. Não foi possível explorar as possíveis razões da psiqué humana para justificar esses atos que acontecem cada vez mais envolvendo não mais envolvem não só adolescentes, mas também crianças, que cada vez mais cedo interagem diária e freneticamente com os meios digitais.

Mesmo tendo previsto muitos dos movimentos associados às fraudes e aos vários tipos de crimes que migrariam para o ambiente digital, alguns deles encontrando maiores e melhores condições de sucesso e um risco relativamente baixo, fico ainda surpreso com a inércia dos gestores para o tema. Dediquei o Capítulo 5 à essa questão dos impactos macroeconômicos, no qual espero conseguir sensibilizar os gestores de recursos (corporativos e governamentais) para adequação de orçamentos compatíveis à segurança cibernética dos seus sistemas e aplicações.

Durante a produção dos capítulos finais, um grande ataque ocorreu contra a Target, a segunda maior rede varejista dos Estados Unidos, tornando-se o maior caso de perdas por ataques cibernéticos até o momento. Com o apoio de informações recebidas de colegas americanos de muitos anos envolvidos nos detalhes dessa investigação, desenvolvi um diagrama sobre todos os elementos do ataque, que revelou as fortes conexões entre o atual crime organizado dos países do Leste Europeu com células hackers, que agora têm fácil e amplo acesso a equipamentos modernos e de grande poder computacional a baixos custos. A revista *Bloomberg Business Week*, em sua edição de março de 2014, publicou uma longa e detalhada análise deste ataque.[11] A matéria foi capa da revista, sob a chamada "Easy Target" (Alvo Fácil), num trocadilho com o nome da rede de varejo atacada. Recomendo a leitura dessa reportagem, que considero confiável e mantém aderência à minha análise do caso. Incorporei também a descrição final sobre o tráfego no mercado negro de 40 milhões (ou mais) de números de cartões de crédito/débito roubados.

É, portanto, desconcertante conhecer a descrição desses modelos de negócios – através da própria internet – que os criminosos ligados às quadrilhas de crimes do Leste Europeu. Aprendemos que os cartões estão lá a venda, a preços entre 8 a 200 dólares a unidade, e embora possa se argumentar que rapidamente a empresa trocou (cancelou) o cartão e ele foi invalidado, os criminosos desenvolveram modelos granulares das "ofertas" para um CEP específico da região de compra, hábitos do interessado e mesmo os dígitos de segurança, visando passar despercebido e/ou ludibriar os sistemas de detecção de fraudes das empresas emissoras.

Esse é um caso que estarei acompanhando por sua dimensão única, suas interdependências, valores envolvidos e por criar a conexão clara e inequívoca entre o crime organizado dos universos físico e digital. Não é uma boa notícia, mas é um fato cruel e concreto que a sociedade como um todo necessita entender e posicionar-se de forma adequada.

---

[1] http://www.businessweek.com/articles/2014-03-13/target-missed-alarms-in-epic-hack-of-credit-card-data

O perfil procedural e os antecedentes das quadrilhas de Odessa, na Ucrânia (cidade relativamente próxima a Crimeia, território em disputa e/ou em posse territorial atual dos russos), que orquestraram os ataques contra a rede Target, causando entre 40 a 70 milhões de vítimas, não é muito diferente das quadrilhas dos subúrbios das grandes cidades da América Latina, África ou mesmo das regiões menos desenvolvidas da Europa. Minha dinâmica profissional requer viagens trimestrais aos Estados Unidos e, é possível perceber que se tornou muito comum, mesmo lá, encontrar bolsões de extrema pobreza próximos aos grandes centros de negócios. O modelo terrorista de pequenas células operacionais encaixa-se muito bem no formato de anonimidade da internet e permite que o lado negativo da sociedade migre fortemente para o ambiente digital.

Em média e historicamente, nas fraudes financeiras diversas, sempre haverá aqueles 4% a 6% da população de usuários de uma corporação propensos a cometer atos associados a desvios de conduta. Expandindo-se esse modelo que já incorporamos como sociedade para a população dos usuários atuais da internet, levando-se em conta uma simples média de três a quatro dispositivos por indivíduo e cruzando essa informação com o surgimento diário de milhares de novos aplicativos móveis, chegamos facilmente a números exponencialmente maiores para os quais os sistemas de defesa foram projetados para defender com eficiência.

Finalizo com as conclusões do Capítulo 6, em um breve resumo das ideias principais do livro, destacando a partir de dois eventos de mercado (fusões e aquisições e novas técnicas de ataques), a urgente necessidade de priorização da importância da segurança cibernética nas empresas, governos e em extensão, a todos os usuários de quaisquer dos múltiplos dispositivos conectados ao universo digital.

INTRODUÇÃO

1. *7 de junho de 2013* – Encontro entre os presidentes Barack Obama, dos Estados Unidos, e Xi Jinping, da China, na Califórnia. Pauta número um da agenda: *cybersecurity*.

2. *8 de junho de 2013* – O PRISM, programa de colaboração e compartilhamento de dados entre a Agência de Segurança Nacional Americana (NSA) e as grandes empresas de tecnologia, chega ao conhecimento do grande público através de reportagens veiculadas nos respeitados jornais *The Guardian* (Reino Unido) e *Washington Post* (Estados Unidos).

3. *9 de junho de 2013* – Em entrevista inédita em um hotel localizado em algum ponto de Hong Kong, Edward Snowden, 29 anos, analista de uma empresa de consultoria, revela de que maneira ele, a princípio por decisão própria, enviou deliberadamente documentos supersecretos e confidenciais para fora do ambiente governamental.

4. *9 de junho de 2013*, 9h45 – Embarco de Guarulhos, São Paulo, para passar duas semanas no Vale do Silício, Estados Unidos, iniciando uma nova e desafiante etapa na minha carreira profissional.

Que outro momento poderia ser melhor para iniciar este novo livro? No final de 2012, quando comecei a trocar e-mails e telefonemas para desenvolver a evolução do o meu livro *Risco digital*, lançado em 2006, jamais poderia imaginar este novo *start em um* momento tão oportuno, no qual o tema de *cybersecurity* não apenas chega ao grande público pelos mais variados, respeitados e conhecidos veículos de comunicação (televisão, jornais e revistas, tanto impressos como digitais), como expõe para a população mundial toda a polêmica envolvida entre a liberdade e a segurança no mundo digital. Creio que poderá ser surpreendente para milhões de pessoas a constatação de que muitos dos portais em que são mantidos perfis, e-mails, blogs, entre outros serviços, fornecem e/ou compartilham todos esses dados com as agências de inteligência.

No primeiro *Risco digital*, fiz uma analogia sobre a reflexão que cada um de nós deve fazer sobre o momento crucial de enviar uma foto e um e-mail e fazer um post, enfim: qualquer "inclusão" de um novo dado na internet. A partir do conhecido ato de clicar no "*send*" ou "enviar", essa informação já não mais pertence ao usuário. Nesses oito anos, essa afirmação não só se mantém legítima como se expande drasticamente devido ao surgimento de um número quase inacreditável de novas formas de comunicação digital.

As mídias sociais, ainda embrionárias naquele momento e tratadas com certo ceticismo, expandiram-se em todo o mundo junto com as incríveis novas possibilidades de acesso à internet de alta velocidade pelos tablets e smartphones. Hoje é uma cena comum ver uma criança de 5-6 anos utilizando um tablet e navegando pela internet em busca de jogos ou interagindo com seus amigos (autênticos representantes dos "nativos digitais" a que me referi em *Risco digital*).

Bill Gates, em 1977, fez a famosa profecia de que "um dia haverá um computador em cada mesa e em cada lar". Na década de 1990, era comum, mesmo em uma grande empresa de tecnologia onde eu trabalhava, dividir um desktop entre cinco ou oito profissionais. Era empolgante quando chegava a sua vez, porque o paradigma anterior eram os grandes computadores (*mainframes*) que ficavam naquelas grandes salas às quais não tínhamos acesso, e a linguagem de comunicação com a máquina era apenas conhecida pelos especialistas, que usavam procedimentos bastante complicados. Lembro-me muito bem da minha fascinação diante de um daqueles, no qual estudei as linguagens científicas da época (Pascal e Fortran) para poder desenvolver meu trabalho.

Em determinado momento, foi-me oferecido o período noturno de trabalho (entre 18h e 2h da manhã), o que achei fantástico, porque esses computadores não tinham a capacidade de processar várias tarefas (programas executáveis) ao mesmo tempo, ou seja: se fosse submetido um *job* que consumisse todo o poder de processamento da máquina, a "fila" de trabalhos ficava muito grande. Tínhamos simplesmente que esperar horas para que o nosso *job* entrasse em modo de execução. Trabalhar no turno da noite me permitia preciosas oito horas com uma máquina sofisticada para a época, sem "concorrentes" disputando-a, e isso me ofereceu uma oportunidade única de explorar os recursos e aprender os melhores atalhos, tanto na forma de estruturar os programas com essas duas linguagens quanto do sistema operacional usado.

Em junho de 2013, fiz uma apresentação nos Estados Unidos na qual destaquei que, considerando uma média mundial, no fim de 2014, haveria 2,5 dispositivos digitais por habitante, chegando talvez a quatro dispositivos em dezembro de 2016. É provável que você não considere esse número tão expressivo, visto que provavelmente já usa três ou mais dispositivos digitais (computador de mesa, tablet e notebook; smartphone, por exemplo), mas pense nesse número projetado para a população de apenas uma cidade; São Paulo, por exemplo. Cerca de 20 milhões de habitantes, todos em média com três dispositivos de acesso a internet: são 60 milhões de acessos diários! Vamos expandir para alguns dos grandes países da nossa região latino-americana: Brasil, México, Colômbia, Chile e Argentina. Serão muitos milhões! Adicione a essa estatística as redes móveis 4G LTE (já muito comuns nos Estados Unidos), banda larga de velocidade superior a 100GB e toda a estrutura de cabos submarinos para as interconexões e transmissões da internet! É um autêntico "novo mundo digital" que cresceu muito mais rápido do que as leis, regras de uso ou protocolos de conduta pudessem prever.

Alguns fazem analogia com a conquista do Oeste Americano e a corrida do ouro, quando milhões de famílias e grupos de trabalhadores desempregados do Leste partiam em busca da promessa do ouro do Oeste, entre outras riquezas prometidas. Não havia regras ou padrões, apenas a busca desesperada pela sobrevivência, sem qualquer garantia de sucesso ou compensação para os perdedores. Aos poucos vencedores, as glórias da "terra prometida", a riqueza conquistada para as gerações futuras e a criação de territórios e lideranças político-sociais. Quem será o grande ganhador do novo mundo digital? Países? Empresas? Pessoas? Grupos terroristas? Ativistas digitais? Todos competem de diferentes formas. Não sabemos, e não é meu objetivo com esta obra induzir a alguma previsão.

O objetivo principal deste novo livro, lançado oito anos depois de *Risco digital*, e dentro do turbilhão da terceira onda da internet, chamada de Web 3.0, é estabelecer um diálogo direto com o leitor sobre as diversas dimensões de riscos em potencial que o novo mundo nos apresenta.

Como executivo há mais de 30 anos no mercado de tecnologia, sendo 20 deles dedicados à segurança digital, desempenhei diversas funções em empresas de ponta, de técnico-comercial até uma imersão de sete anos na investigação de casos práticos e reais no mundo digital. Agora, tenho o propósito de ajudá-los a entender essas situações e dinâmicas. Não espere por páginas de código puro ou exercícios com programas ou algo mais técnico. Não creio que possa ajudar muito nesse campo, e já existem inúmeras literaturas técnicas nesse sentido. Por outro lado, não creio haver uma obra disponível no mercado em linguagem simples tanto para o público geral como para executivos interessados na área. Meu objetivo principal com *Risco Digital na Web 3.0* é prover elementos sólidos para reflexão e tomada de decisões sobre algumas das principais dimensões deste novo mundo digital. É plausível considerar que do futuro da sua empresa e mesmo do seu futuro como profissional dependerão sua família e as gerações futuras. Como na conquista do Oeste Americano, não há muitas regras ou padrões de conduta. Todos estão indo para o mesmo lugar, ao mesmo tempo, procurando basicamente a mesma coisa: riqueza e sucesso. Novamente nosso instinto animal, em busca da sobrevivência, guia-nos em direção ao objetivo que, se não alcançado, resultará em fracasso e todas as suas consequências. Não tenho uma solução mágica para cada uma das situações que apresento nesta obra, porém descrevo minha visão, fruto da experiência prática do dia a dia convivendo com os desafios que se apresentam. Iniciamos, portanto, esta jornada juntos. Convido-lhes desfrutar dessa pequena aventura!

SUMÁRIO

Agradecimentos — v
Apresentação — ix
Introdução — xix

CAPÍTULO 1 - DEFESA E GUERRA CIBERNÉTICA — 1
  1.1 As novas variáveis e os desafios da Web 3.0 — 1
  1.2 As novas variáveis e os desafios de *cybersecurity* 3.0 — 5
  1.3 A Tempestade Perfeita (*The Perfect Storm*) — 11
    1.3.1 Inteligência analítica – reflexões — 12
    1.3.2 Da análise inteligente à tomada pró-ativa de decisões — 17
    1.3.3 Chegando até você – em meio físico – a partir do digital — 20
    1.3.4 As novas faces do terror digital — 36
  1.4 Prisões digitais — 39

CAPÍTULO 2 - SEGURANÇA GOVERNAMENTAL E MONITORAMENTO — 45
  2.1 Até onde poderá chegar o Estado? — 45
  2.2 Grupos-tarefa focados em missões pontuais — 46
  2.3 Novos paradigmas ultrapassam fronteiras — 53
  2.4 Invertendo a corrente negativa para o bem geral — 54
  2.5 Centros de Comando e Controle — 56
    2.5.1 Delaware Valley Intelligence Center (DVIC) — 64
  2.6 *Fusion Centers* — 67
  2.7 Limites entre público × privado? — 68
  2.8 Limitação, restrição e privações digitais — 70

CAPÍTULO 3 - PROPRIEDADE INTELECTUAL E ESPIONAGEM INDUSTRIAL — 77
3.1 Fatos relevantes recentes: casos WikiLeaks e Snowden — 77
   3.1.1 Anistia, clemência ou perdão? — 82
3.2 Forças e pressões pessoais e do mercado — 88
   3.2.1 "A primeira impressão quase nunca tem qualquer relação direta com a solução do caso" — 89
3.3 Racional econômico e competitivo — 91
3.4 Como os dados circulam pelo planeta — 93
3.5 Inteligência Competitiva — 93
3.6 Até onde é possível proteger? — 96
3.7 Haveria alguma informação impossível de obter? — 100

CAPÍTULO 4 - EDUCAÇÃO, ÉTICA E COMPORTAMENTO — 105
4.1 Aspectos preocupantes na educação: *cyberbullying* — 105
   4.1.1 Caso 1: Tiroteio na escola secundária de Sparks, estado de Nevada, em 23 de outubro de 2013 — 107
   4.1.2 Caso 2: Rebecca Sedwick, de 12 anos, comete suicídio ao saltar de um prédio abandonado, em 9 de setembro de 2013 — 108
   4.1.3 Caso 3: Polícia prende menina de 15 anos acusada de cyberbullying *no estado da Flórida, em 8 de novembro de 2013* — 109
   4.1.4 Caso 4: Polícia do estado de Nova York inicia investigações de alegações de bullying *antissemita, em 9 de novembro de 2013* — 109
   4.1.5 Caso 5: Ally Del Monte, após ter suportado anos de bullying *decide montar um site e um blog para ajudar outras vítimas* — 110
4.2 Comportamento e consumo — 111
   4.2.1 "Internet das coisas" (IoT= Internet of Things) *em todos os lugares e momentos do cotidiano* — 111
   4.2.2 Carros cada vez mais inteligentes — 117
4.3 Riscos associados — 118
4.4 Você teme os drones? — 119
4.5 Autenticação do usuários pela leitura da íris finalmente chegará — 120
4.6 Limites e conflitos para a ética online — 121
   4.6.1 Instagram direto: seus dados direto para comerciantes — 121
   4.6.2 Facebook sofre ação de quebra de privacidade — 123

CAPÍTULO 5 - IMPACTOS FINANCEIROS E MACROECONÔMICOS   **125**
  5.1 Caso 1: Target   128
    5.1.1 Análise das perdas em recentes casos similares no varejo   136
  5.2 Caso 2: Departamento de Energia dos Estados Unidos   138
  5.3 Caso 3: Empresa de segurança RSA em contrato com a NSA   141
  5.4 Caso 4: Banco J.P. Morgan   142
  5.5 Caso 5: Companhia de petróleo da Arábia Saudita – Aramco   142
  5.6 Caso 6: Rede social Snapchat   143
  5.7 Outros casos em 2014   144
  5.8 Alteração das forças e dinâmica dos mercados online   145
  5.9 Surgimento e consolidação das moedas digitais   146
    5.9.1 Bitcoin   146
    5.9.2 PayPal   149
  5.10 Fatos relevantes e comentários finais   149

CAPÍTULO 6 - CONCLUSÃO   **151**

1

DEFESA E GUERRA CIBERNÉTICA

1.1 AS NOVAS VARIÁVEIS E OS DESAFIOS DA WEB 3.0

Mesmo não conhecendo todos os detalhes técnicos, como usuário você provavelmente vivenciou uma parte do fascinante período iniciado há mais de 20 anos com o surgimento da internet comercial – a partir da invenção da World Wide Web por Tim Berners-Lee em 1989, permitindo, através de uma interface que as pessoas pudessem ter uma maneira simples e intuitiva de trocar e compartilhar informações. Em *Risco digital*, expliquei toda a sequência da origem da internet, que nasceu no exército norte-americano, mais especificamente na unidade conhecida como DARPA (Defense Advanced Research Projects Agency), fundada em 1958 como resposta ao lançamento do satélite Sputnik pela União Soviética, com o objetivo de manter a superioridade norte-americana e proteger o país de eventuais surpresas que ameaçassem a segurança nacional. Após o período inicial de utilização ao longo dos anos durante a Guerra Fria, em 1992, a internet havia se tornado a forma mais popular para educadores e pesquisadores trocarem conhecimento, mesmo fora dos Estados Unidos. Surge então, no Centro de Computação Avançada da Universidade de Illinois (NCSA), o primeiro navegador (*browser*). Chamado de Mosaic, foi criado por um grupo de jovens programadores liderado por Marc Andreessen, que posteriormente fundou a empresa Netscape Communications para vender o navegador comercialmente, expandindo suas funções originais e o lançando ao mercado em 15 de dezembro de 1994 com o nome Netscape Navigator.

O Mosaic permitiu pela primeira vez que os usuários e programadores, de forma gráfica e intuitiva, pudessem agregar conteúdos inéditos e combinados, como imagens, vídeos, sons, videoclipes e textos, em diversos formatos. Mesmo após várias outras empresas e grupos de software livre terem lançado outros modelos, as características básicas do Mosaic (posteriormente Navigator) permanecem muito semelhantes, sendo talvez o Mozilla Firefox aquele que as mantém mais próximas atualmente. Alguns cientistas descrevem a internet como a "máquina mais sólida já inventada pela humanidade", visto que, ante todas as situações já enfrentadas, tem mostrado uma capacidade de operar solidamente durante 24 horas por dia, 7 dias por semana, sem que nestes 20 anos tenha sofrido uma disruptura mais significativa. Calcula-se haver mais de 100 bilhões de cliques por dia distribuídos entre aproximadamente 5 trilhões de links mundiais.

Cerca de dois milhões de e-mails são trocados por segundo. A cada dia são criados mais de 300 novos aplicativos. Apenas na App Store da Apple são adicionados em torno de 40 mil a cada mês. Estima-se que a internet já consuma 5% de toda eletricidade do planeta para poder operar dessa forma contínua. Neste mundo hiperconectado em que vivemos, se dobrarmos a capacidade de armazenamento dos dispositivos a cada dois anos em média, chegaremos no ano de 2040 com a capacidade de armazenar toda a informação e conhecimento já produzido pela humanidade, criando uma massa de informações – o *big data* – tão imensa e complexa que não será mais possível para a mente humana, em termos de velocidade de processamento, analisá-la e respondê-la adequadamente. De forma resumida, seguem para sua orientação os principais estágios de evolução da internet:

Web 1.0
- Conteúdos estáticos.
- Web informativa.
- Reprodução no browser do formato das páginas da mídia impressa (revistas e jornais) e do formato unidirecional da televisão caracterizada pela ausência de interatividade dos usuários.
- Pouca diferenciação entre a experiência offline e online (velocidade de conexão muito baixa).
- Ausência de infraestrutura adequada de telecomunicações (banda estreita).

- Usuários dependentes de terceiros para publicar conteúdo e/ou opiniões na web.

Web 2.0
- Usuários e consumidores passam a ter o "poder" de criar e divulgar conteúdos.
- Web participativa.
- Surgem as redes sociais (Facebook, Twitter, entre outras); trocas de mensagens instantâneas; possibilidades de criação de ambientes e mundos avatares virtuais.
- Modelo migra de passivo para ativo – altera-se o eixo dominante da produção (controle) de conteúdo e informação.
- Exponencial explosão de formatos de acesso e infraestrutura (banda larga de alta velocidade torna-se acessível em termos de custos e disponibilidade) e os smartphones chegam ao grande público.
- Viabilizam-se formatos de projetos educacionais e profissionais colaborativos online.

Web 3.0
- Surge a web semântica, numa analogia à capacidade dos computadores, por meio de algoritmos sofisticados e complexos, poderem reproduzir o processo do pensamento cognitivo do cérebro humano (analisar, processar e decidir).
- O conceito de *search* (pesquisas) se expande, aproximando-se da cognição; partindo do atual modelo de *keywords* (palavras-chave) ou *strings* (sequência de caracteres e/ou pequenas frases) para um modelo no qual agentes de software irão vasculhar a internet em busca das melhores respostas a uma *query* (pergunta).
- Amplia-se o conceito de pesquisas reativas (a partir do comando do usuário) para *anticipated search*, ou seja, os algoritmos passam a analisar em detalhes o comportamento dos usuários no mundo digital e conseguem antecipadamente sugerir múltiplas pesquisas de itens, assuntos, locais, preferências etc.
- A web semântica permite a criação de vastos grupos de informações ou bases de dados – chamadas "ontologias"– sobre os perfis dos usuários, de forma que para uma mesma pergunta ou consulta feita por dois

usuários com perfis diferentes existam resultados diferentes, porém coerentes com os seus respectivos perfis. Uma ontologia é, portanto, um arquivo que define os relacionamentos entre os grupos de itens.
- Interatividade nunca antes vista por meio da combinação de fatores como dispositivos super-rápidos, banda/comunicação acessível, uso intuitivo de comandos (transparente aos usuários), integração simples de dados dos mais diferentes formatos (texto, imagens, fotos, vídeos, dados).
- Altíssimas velocidades de comunicação requerem processamento e interação apenas possível no nível máquina a máquina.
- Softwares "inteligentes" executam/simulam o processo cognitivo da mente humana e suportam a tomada de decisões, apresentando ao usuário os melhores cenários e soluções possíveis para uma determinada situação.
- Migração para duas grandes plataformas:
    a. Tecnologias semânticas.
    b. Ambiente de computação social.

Surge, portanto, um ambiente de intensa comunicação caracterizado pela convergência de duas plataformas e seus subprodutos, resultando naquilo que alguns cientistas visualizam como a metaweb, concentrando toda essa "inteligência" e "conhecimento" e tendo como características:

- Agentes inteligentes (como "minirrobôs" de conhecimento genérico e extremamente granular) varrendo com agilidade todos os conteúdos disponíveis e rapidamente capturando aquela informação específica aderente a uma determinada necessidade, pesquisa e/ou solicitação.
- Formatação de grupos de interesse e/ou relacionamentos explícitos e implícitos.
- Redes de conhecimento.
- Mercados digitais.
- Comunidades descentralizadas.

Em resumo, neste conceito de metaweb integra-se a "inteligência" produzida pelos encontros digitais simultâneos entre pessoas, informações e bases de conhecimento. Podemos também denominar este múltiplo encontro como a web semântica, na qual a inteligência resultante poderá – a partir de certo ponto – passar a interagir de forma autônoma, ou seja, a web criaria a sua "inteligência própria" e desafiaria os usuários com conteúdos não programados, planejados ou que possamos neste momento prever ou visualizar. Estendendo esse conceito mais à frente, no que seria chamado de Web 4.0 (seguindo a métrica de evolução em grandes ondas em média a cada 10 anos; portanto entre 2020-30), poderíamos estar em um momento no qual os limites entre os mundos digital/virtual e real desapareceriam e o digital passaria a fazer física e biologicamente parte de nós. Nosso corpo e mente não perceberão mais os limites entre paredes, portas e janelas, e as instruções para os comandos de dados poderão partir de regiões do nosso próprio cérebro diretamente aos supercomputadores distribuídos pela "nuvem" (*cloud computing*) ou às cadeias mais convenientes de máquinas ativas, num conceito caracterizado como "transcendência" entre ambas dimensões. Algo similar já nos foi apresentado pelos excelentes filmes *O vingador do futuro* e a série *Matrix*, nos quais controlamos tanto o mundo físico como digital por meio de regiões do nosso cérebro, num encontro entre redes neurais, inteligência artificial e capacidades humanas. O leitor há de concordar que é altamente empolgante falar destes assuntos que não estão na fronteira da ficção científica, mas estão chegando muito rapidamente ao nosso cenário diário. Por ora, focaremos nos desafios que a Web 3.0 nos traz e em particular como a segurança cibernética (*cybersecurity*) deverá agir. Apenas pelo bom senso, você deve concordar comigo que, ao evoluir muito rapidamente (em apenas 20 anos) de um cenário estático, de zero interatividade e mínima velocidade (Web 1.0) para a web semântica (3.0) que descrevi anteriormente, temos naturalmente de rever todo o modelo e as técnicas de segurança associadas às defesas também.

1.2 AS NOVAS VARIÁVEIS E OS DESAFIOS DE *CYBERSECURITY 3.0*

Quando iniciamos um desafio relevante qualquer, que consiste numa disputa entre os participantes envolvidos, podemos nos preparar para essa dinâmica de diversas formas. Se você está para iniciar seu jogo de futebol no final de semana com os amigos e os times são divididos, o que seu grupo possivelmente fará na semana anterior e até alguns minutos antes de a partida iniciar? É provável que vocês se reúnam ou troquem telefonemas/e-mails sobre, por exemplo, quem poderá estar do outro lado; se o goleiro é bom e podemos chutar de longe; além de, em paralelo e de alguma forma, estruturar qual será o plano de jogo. Quem vai fazer o quê na defesa e no ataque?

Parece bem trivial e óbvio, não é?

Nas minhas palestras, um dos slides que me acompanham nesses últimos 10 anos faz esta pergunta básica: se vamos para a luta – que poderá ser uma batalha-elemento dentro de uma guerra inserida num contexto maior –, temos de, no mínimo, conhecer quem são nossos inimigos, quais são suas armas, seus pontos fortes, como se organizam e como irão ou poderão nos atacar. Temos algum histórico de situações passadas? Vídeos com os perfis dos líderes? Onde eles são melhores? Onde vivem? Na terra, no mar ou no ar? Podemos escolher o "campo de batalha"? Voltando ao exemplo anterior, talvez em algum momento da sua vida você tenha sentido na pele uma derrota doída que não sai da sua memória. Em um flashback, sua mente lhe traz após alguns anos esse momento específico, quando aquela disputa particular foi definida; talvez possa ser aquela dividida em que você entrou sem a força necessária porque não sabia que do outro lado tinha um cara muito forte, por exemplo. A partir deste milissegundo de decisão numa linha de tempo ampla, sua mente lhe traz algumas possibilidades de nova solução para essa mesma dividida. Você concorda comigo que, se tivesse conhecido melhor esse adversário ou tido a oportunidade de assistir a alguma partida anterior, saberia desse elemento/detalhe e possivelmente teria outro comportamento? Posso lhe apresentar então o conceito associado à palavra genérica "inteligência", que no mundo cibernético costumamos estender para "analítica". Nunca foi tão importante e crítico entender a importância da "inteligência analítica" no ambiente cibernético!

Como explicado na introdução, este livro está dirigido a uma gama diversa de usuários. Cada um de vocês está travando suas batalhas no mundo digital com o seu respectivo modo, capacidade, dimensão e objetivos. Em comum, porém, está a análise contínua sobre estas três perguntas básicas:

1. Quem são meus inimigos?
2. Por que sou um alvo (*target*)?
3. O que eu tenho que ele(s) quer(em)?

Os capítulos a seguir discutem este tema central sob algumas dimensões mais específicas, e é pouco provável que você não esteja incluído em nenhuma destas possibilidades. Quando, em outubro de 2006, publiquei o livro *Risco digital*, poucas empresas, entidades e governos incluíam o tema da defesa cibernética entre suas cinco maiores prioridades. Talvez nem mesmo suas dez maiores preocupações e orçamentos estavam vinculadas ao tema digital e/ou *cyber*. Como dito na introdução, não vou lhe sobrecarregar de dados e estatísticas redundantes sobre o crescimento contínuo e agressivo do número de ataques que você poderá encontrar em várias outras publicações e, mesmo online, rapidamente e nas mais diversas fontes e localizações. Em 2006, porém, era necessário explicar aos meus clientes que isso iria acontecer em breve e que era muito crítico estabelecer planos estratégicos e táticos para o tema com uma antecedência razoável. Nesses últimos anos, em particular nos últimos dois, minhas palestras e experiências práticas *in loco* nos mais variados setores de mercado e países da América Latina e em certas regiões dos Estados Unidos, validam diariamente cada palavra que coloquei em *Risco digital* e que me encorajam para seguir neste contínuo desafio. A pergunta não está mais no futuro do pretérito, responsável pelas hipóteses: "Haveria o ataque?" Está, sim, no presente e muito viva: "Estou sendo atacado; o que posso fazer agora?"

Nós também já sabemos que não existe privacidade no mundo digital; isso é um fato que, embora alguns ainda tentem encobrir com argumentos frágeis, cada vez mais o grande público absorve e incorpora. As câmeras de vigilância, que em 2006 eram relativamente poucas e na sua maioria analógicas, migraram para o mesmo protocolo IP da internet. Quando os dois irmãos Tsarnaev atacaram com bombas a maratona de Boston em abril de 2013, o mundo aprendeu que a tecnologia de análise de imagens em vídeo pode rapidamente resolver uma questão ou um crime inédito como este e em poucas horas localizar (com a colaboração de toda a comunidade) os autores daquele terrível atentado terrorista.

Podemos afirmar de forma consciente e madura que, além de os dados em ambientes cibernéticos (portais, e-mails, redes sociais, celulares, chats, ligações telefônicas, blogs etc.) serem hoje, potencialmente, de domínio público, a exponencial adoção das câmeras de vigilância IP associam nossas imagens a dados numa única e ampla rede de monitoramento.

Na última conferência para hackers em Las Vegas, a Black Hat – que iniciou de forma clandestina e agora é um evento do mercado profissional de segurança – surgiu a seguinte pergunta em um dos painéis: "Como você pode se defender dos hackers em cada um dos seus dispositivos?"

A revista *Business Insider*[2] compilou os resultados e listou dois grupos principais de dispositivos: os mais simples e suscetíveis aos ataques dos hackers e aqueles mais difíceis ou menos óbvios:

Óbvios
- Relógios inteligentes.
- Smartphones.
- Computadores.
- Tablets.
- Computadores de mesa(desktops).
- A nuvem (*cloud*): serviços, armazenamento e softwares.
- Caixas eletrônicos/ATMs.
- Impressoras.
- Dispositivos com GPS (geolocalização).
- Roteadores de redes wi-fi.
- Webcams (inseridas nos computadores).
- Pen drives.
- Cofres de hotel.
- Gravadores digitais de vídeo (DVRs).

Menos óbvios
- Réguas de energia (grupos de tomadas).
- Cabos de energia para dispositivos.
- Rastreadores de bagagem.
- Óculos conectados (Google Glass, óculosRift via wi-fi).
- Consoles de games: PS3, Kinect e Nintendo.
- Lojas com senhas wi-fi em geral fixas e em texto simples.
- Veículos equipados com sistemas operacionais.
- Câmeras.

---

[2] http://www.businessinsider.com/how-to-defend-yourself-against-hacking-on-any-device-2013-11.

- Cartões SD (instalados emcelulares e câmeras).
- Sinais de trânsito em ruas, avenidas e estradas.

Entre o primeiro e o segundo grupos, é possível ter uma dimensão da quantidade de equipamentos que estão sendo incorporados à internet e que passam a ser mais um ponto/dispositivo na rede passível de ataques por causa de suas vulnerabilidades intrínsecas. Estava em Bogotá, na Colômbia, em agosto de 2013 para reuniões e palestras no país e nas mais simples interações era possível perceber que a população tem conhecimento deste monitoramento e se refere a ele de forma positiva em geral. Nos Estados Unidos é também muito comum essa postura, e a população tem aumentado sua visão positiva desta eventual "invasão de privacidade" em troca de *mais segurança*. É um dilema permanente, concorda?

Em *Risco digital* expliquei a teoria e origem associada aos dilemas;[3] não há uma única solução lógica, pragmática, emocional ou puramente racional, porém uma decisão sempre tem de ser tomada! No inglês temos a expressão *do something* ("faça algo") que em geral é sempre muito melhor do que o passivo "nada faça".

Em agosto de 2013, num e-mail que recebi pelo *mailing list* da Casa Branca, o presidente Obama comunica sobre a decisão de usar forças militares na Síria, como o "custo de não fazer nada" ou "*do nothing*" em contraponto ao parágrafo anterior, ou seja, a eventual decisão de "nada fazer" após o ataque de armas químicas que matou 1.498 pessoas no trágico 21 de agosto de 2013 seria imensamente maior do que os custos envolvidos no *do something*, neste caso, os custos diretos e indiretos de um ataque militar.

Nesta Web 3.0 semântica e hiperconectada, os custos do "nada fazer" poderão ser imensamente maiores, mais devastadores e muito mais rápidos do que nas versões anteriores, em que os fatores tempo, velocidade e informação (pelos indicadores limitantes já expostos) contribuíam para uma maior margem de segurança.

Recuando um pouco mais no tempo, na época dos *mainframes* (computadores de grande porte), que ficavam naquelas salas-aquário com acesso

---

[3] A teoria dos dilemas refere-se a "um problema perverso de difícil ou impossível solução devido à sua natureza incompleta, contraditória ou porque as variáveis mudam constantemente, dificultando o julgamento completo para obtenção de uma solução definitiva" (http://en.wikipedia.org/wiki/Wicked_problem).

bastante restrito que me lembram do meu início de carreira no começo dos anos 1980, não há fator de comparação. A segurança era total comparada aos dias de hoje. Talvez possa lhe parecer muito contraditório, mas era mais seguro porque havia restrição ao acesso e a ausência total de interatividade dos usuários (era obrigatório aprender linguagens, no meu caso as técnicas Pascal e Fortan) para poder estabelecer uma comunicação adequada com essas máquinas, através de comandos que criavam a "ponte" entre os objetivos e as ideias e o que a máquina poderia oferecer e realizar em troca.

Pense no seu cotidiano; talvez você more, como eu, numa grande cidade como São Paulo, Rio de Janeiro ou Belo Horizonte, e suas primeiras ações interativas com o mundo exterior do seu dia sejam: ligar para o escritório durante o trajeto do elevador para a garagem do prédio; acionar o controle eletrônico de abertura da garagem; telefonar e enviar mensagens em aplicativos como o *Whats App, Viber, Skype* ou mesmo SMS no meio do trânsito pesado durante o trajeto até o escritório para a primeira reunião do dia.

Num trajeto médio de 5 a 10 km, seu veículo provavelmente será identificado e classificado por cerca de cinco a sete câmeras IP, além dos sensores OCR (Optical Character Recognition) de leitura de placas. Antes mesmo do seu primeiro compromisso, em média após duas horas do momento em que você abriu os olhos para um novo dia, vários registros digitais já foram feitos a seu respeito. Imagine todo o seu dia, semanas e meses. Talvez você possa começar a entender por que todos estão falando dessa questão do *big data*.

A figura a seguir nos mostra como está distribuído o uso da internet em novembro de 2013 entre PCs e dispositivos móveis (smartphones, tablets) pelos principais aplicativos e tipos de conteúdos:

Total da internet	63%	37%
Mapas	16%	84%
Previsão do tempo	40%	60%
Música	43%	57%
Redes sociais	45%	55%
Esportes	56%	44%
Varejo	62%	38%
Jornais	62%	38%
Jogos online	66%	34%
E-mail	69%	31%
Portais	74%	26%

■ PCs ■ Dispositivos móveis

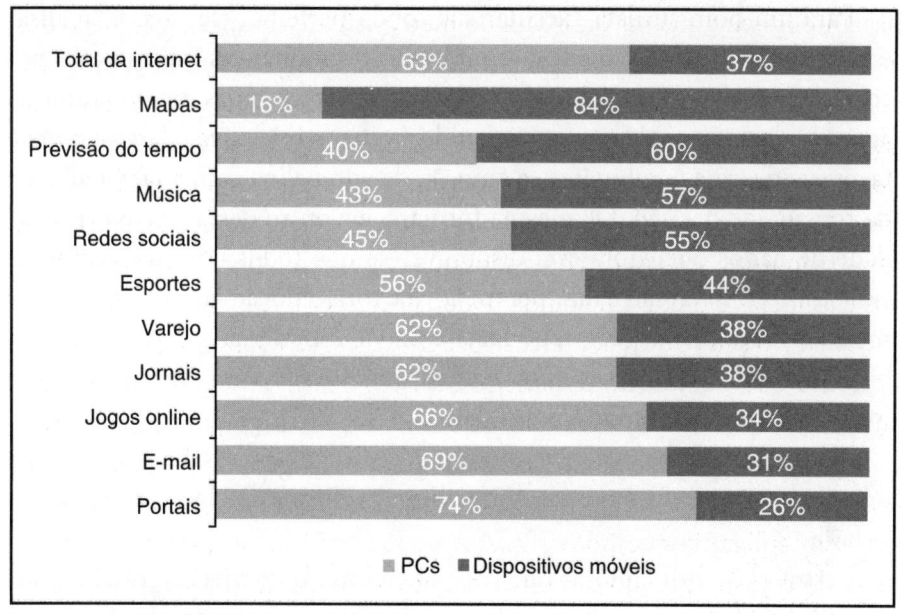

Fonte: com *Score 2013 Mobile Future in Focus*[4]

1.3 A TEMPESTADE PERFEITA (*THE PERFECT STORM*)

Em 12 de junho de 2012, o Gartner Group, uma das mais respeitadas empresas de análise de mercado sobre as principais tendências em tecnologia, divulgou um artigo onde o tema/argumento principal era a convergência entre big data e segurança cibernética ou *cyber joining words security*.[5] Muitos ficaram surpresos e céticos num primeiro momento, porém poderia descrever essa análise como muito significativa vindo da fonte.

Em sua razoável maioria, os executivos gestores de TI (tecnologia da informação) sempre trataram a segurança digital como uma disciplina distante do centro de decisão de negócios, sempre lutando por fragmentos dos seus orçamentos corporativos. Se dentro da própria área de tecnologia a segurança era vista como algo pouco relevante para os negócios, o que então dizer da percepção de importância e prioridade pelos CEOs das empresas?

---

[4] http://marketingland.com/report-nearly-40-percent-of-internet-time-now-on-mobile-devices-34639
[5] http://searchsecurity.techtarget.com/news/2240157901/Gartner-Big-data-security-will-be-a-struggle-but-necessary

Para um bom surfista executar sua "onda perfeita", ele precisa analisar e estabelecer um critério entre as múltiplas e simultâneas informações necessárias, como as condições do vento, direção das ondas, temperatura da água etc., para naqueles poucos segundos tomar a iniciativa (*do something*) e fazer sua descida combinando a emoção da adrenalina com a racionalidade da tomada de decisão. Da mesma forma, o encontro dessa imensa quantidade de dados que agora está disponível– e que todos nós acrescentamos *voluntariamente* a cada dia, por meio da total adoção da internet e dos meios digitais nos negócios, no lazer e na vida moderna em geral – gera o big data e cria condições inéditas e relativamente simples para ataques e uso indevido desses conteúdos.

Na prática, estou descrevendo um cenário composto de quatro grandes dimensões, ou os quatro Vs: volume, velocidade, variedade e veracidade.

Partindo do princípio de que você possui um bom nível cultural e a capacidade de filtrar e diferenciar, dentre a imensa quantidade de informação sobre esse assunto, aquelas que parecem totalmente tolas, inúteis ou sem base de sustentação das que estou começando a descrever aqui, sugiro a seguir alguns passos para o seu posicionamento.

1.3.1 Inteligência analítica – reflexões

Reflita sobre estas três perguntas, já levantadas anteriormente:

1. Quem são meus inimigos?
2. Por que sou um alvo (*target*)?
3. O que eu tenho que ele(s) quer(em)?

Antes de respondê-las, tenho que lhe ajudar e incorporar mais alguns elementos sobre os 4Vs do *big data*. Eles tornam-se importantes agora, já que você poderia responder a essas questões num mundo digital com as características de 2006; porém, nos dias atuais, as variáveis e o nível de exigência aumentaram significativamente. É como se eu lhe perguntasse: consegue e/ou gosta de jogar tênis? É capaz de trocar bolas por mais de 2-3 minutos contra um jogador mediano? Concorda que sua resposta seria completamente diferente se a pergunta fosse: e contra um profissional top 10 da ATP? Talvez sua resposta seja positiva na primeira hipótese; porém, na segunda, seu tempo médio seria de alguns poucos milissegundos, e você possivelmente não teria nenhuma chance. Os Vs tornam o ambiente muito mais complexo para sua resposta e tomada de decisão, a saber:

Volume
Pela convergência de tecnologias para um protocolo compatível (IP, Internet Protocol), tornou-se possível associar através de tecnologias de dados milhões de informações dos usuários, sendo comum hoje falarmos de números crescendo na ordem de múltiplos terabytes para petabytes[6] sobre todas as suas interações diárias e/ou mensais no ambiente digital. A esse imenso banco de dados também é possível associar padrões de segurança e eventuais situações (características) de ataques ou coleta dos seus dados sem que você tenha qualquer controle dos mesmos, bem como das suas eventuais múltiplas identidades digitais.

Velocidade
Como no exemplo do tênis, uma coisa é você ter a capacidade de responder a um saque de um jogador amador, outra completamente diferente é o mesmo saque vir de um profissional com anos de treino específico para esse movimento. Quando optei por focar em *cybersecurity* no início de 1994, por meio de um contrato com a principal empresa mundial (israelense) em sistemas de *firewall* (sua função na época limitava-se a isolar uma rede corporativa do ambiente externo da internet pública), o tempo de reação digital tinha uma dimensão completamente diferente do atual. Essa janela de tempo nos dava a condição de pensar (na velocidade da mente humana) e responder àquilo que parecia ser um ataque ou tentativa de invasão.

Costumamos usar a expressão *hot data* (dados quentes ou vivos, correndo neste momento pelas redes de comunicação) para aquele grupo de dados que ocorreu num horizonte de até sete dias. O analista de segurança necessita possuir algum referencial histórico de base de dados para estabelecer padrões e métricas visando identificar uma eventual variação nesse perfil que indique anomalias ou atipicidades no padrão do tráfego que poderiam estar associadas a um ataque em formação ou já em curso.

---

[6] 1 petabyte ou 1 pb = 1.000.000.000.000.000 B = 1015 bytes = 1000 terabytes.

Numa analogia aos boletins meteorológicos de previsão do tempo, o analista de inteligência de segurança cibernética necessita visualizar analítica, intuitiva e graficamente, por meio de ferramentas automatizadas e de forma rápida e concisa milhões de registros de dados para ter a possibilidade de captar uma derivação específica *versus* um padrão estabelecido/ativo e transmitir aos grupos de resposta a incidentes e ataques uma informação sólida e confiável. É provável que sete dias sejam uma janela de tempo muito curta, então recomendo aos meus clientes manter o registro de 30 a 90 dias de tráfego de rede. Chamamos essa segunda categoria de dados de "dados-mornos", já que poderão resultar na necessidade de manter grandes servidores de armazenamento (com altos custos diretos e indiretos associados). Após 90 dias e talvez até 180 dias, seriam os "dados frios", mas que ainda assim não podem ser puramente desprezados, já que sabemos (conforme afirmei no livro *Risco digital*) que os ataques iniciam-se conceitualmente entre 9 e 18 meses do momento da sua ativação.

Variedade
Quando me refiro a dados, quero dizer seus múltiplos formatos e origens, que chamamos de "estruturados" e "não estruturados". Em 2003, quando fui chamado às pressas por uma operadora para resolver um ataque em curso que paralisou seu sistema de hospedagem de clientes, tudo o que eu tinha à minha frente era uma bateria de roteadores sendo inundados por solicitações de comunicação, que gradativamente degradavam seu tempo de resposta, gerando a clássica técnica de "negação de serviço".

Junto com um dos analistas da minha equipe, tudo que podíamos ver eram informações sobre pacotes de dados, protocolos e aplicativos que agiam como "armas bélicas de ataque" ao inundar maciçamente aqueles roteadores, eliminando sua capacidade de resposta. Não tínhamos técnica ou tecnologia para associar esses elementos com qualquer outro dado "semântico" contextualizado, como fotos ou vídeos, muito menos qualquer outro indicador que nos pudesse traçar um perfil mais preciso sobre a(s) possível(is) origem(ns) desses ataques. Felizmente, hoje temos algoritmos complexos que conseguem correlacionar esses dados com diálogos e atividades (post sem redes sociais e blogs diversos, por exemplo). Você irá concordar comigo que se consigo fazer isso a um delta-tempo prévio anterior (viável economicamente) e tendo engenharia de software capaz de associar rapidamente essas conexões, conseguiria evitar essa e outras situações de ataque em curso, que geram pânico, interrupção dos serviços (iremos explorar mais esse tema no Capítulo 5, sobre impactos financeiros) e grandes prejuízos às organizações.

Veracidade

Neste ambiente um aumento brutal de informação disponível (*big data*) torna-se absolutamente crítico poder separar quais delas são confiáveis e precisas daquelas sem valor para o propósito da segurança. Temos de nos precaver e revalidar em especial a **confidencialidade, integridade** e **disponibilidade** das fontes de dados para não levar ou induzir o analista a caminhos dispersos e que não resultarão no objetivo efetivo.

No início dos anos 2000, esses dados eram provenientes apenas da borda ou perímetro das redes, advindos de dispositivos de proteção chamados de *firewalls* e dos detectores de tentativas de invasão (*intrusion detection/ prevention*). Ao longo da década, esses provedores expandiram-se para os elementos internos das redes, como servidores, aplicações e bases de dados. A Web 3.0 semântica nos traz agora a oportunidade inédita de agregar as fontes vindas de redes sociais e ambientes diversos, que, por sua vez, devem também ter seus conteúdos revalidados para poderem ser considerados confiáveis nas análises.

Um artigo da revista *Network World*[7] divulgou uma pesquisa feita com 720 empresas sobre seus planos de investimentos em tecnologias associadas com *big data*. As principais conclusões indicaram 2013 como um ano de investimentos em projetos-piloto visando à experimentação e testes (quase 65%) para uma evolução a partir de 2014 para maiores escopos e entrada em ambientes de produção. Nossa grande busca é por soluções complexas e analíticas que possam processar dados das mais variadas origens e formatos (mídias sociais, vídeo, textos, fotos, e-mails, chats etc.) buscando por padrões e características de acordo com os interesses da organização. Do ponto de vista da segurança digital e pela complexidade que esta matéria tem agora, a grande busca e os objetivos estão associados a encontrar, nos milhões de registros de tráfego nas redes (internas e públicas), aqueles padrões de comportamento atípicos e/ou anômalos que possam indicar a formação

---

[7] http://www.networkworld.com/news/2013/092313-gartner-big-data-274085.html

de ataque em curso ou roubo interno (evasão) de informação/propriedade intelectual de alto valor. Como expliquei em *Risco digital*, um ataque cibernético tem uma ocorrência inicial de 18 a 12 meses antes do momento da sua execução. Já é factível considerarmos hoje períodos menores, entre 6 a 9 meses antes da operação/ataque em curso. Por isso, para que qualquer algoritmo computacional possa executar bem sua função, trabalhamos com três dimensões de tráfego (como já explicado):

a. Análise em tempo real do tráfego atual (*hot data*) correndo nas redes.
b. Análises em tempo quase real desse tráfego (atraso de 30 minutos).
c. Análises "frias" sobre a base histórica (mínimo de 45 a 180 dias) do tráfego das redes.

Na Web 3.0 semântica torna-se possível acrescentar a dimensão do tráfego às questões de conteúdos (textos, fotos, vídeos, chats, posts, diálogos em celulares, mensagens instantâneas), e associá-las a uma determinada localidade física (GPS) que, por sua vez, remete ao roteamento do tráfego e os respectivos cruzamentos entre estas dimensões. Da mesma forma que os algoritmos estão ficando cada vez mais sofisticados e usando mais e mais inteligência artificial para suas análises (quando antes existia apenas a dimensão das anomalias de tráfego), será possível estabelecer essa mesma lógica de análises para conteúdos temáticos anômalos e/ou atípicos para um determinado usuário, ambiente digital ou plataforma. É como ocorria antigamente, quando criminosos estabeleciam comunicação discreta publicando rotas de fuga ou outras informações sobre seus planos diversos em pequenos anúncios nos jornais de classificados dominicais, nos quais, em meio a milhares de informações sobre aluguel de apartamentos no centro da cidade, em mesmo formato e estilo, estava descrita uma determinada rota de fuga. Essa anomalia é imperceptível para a mente humana, porém, ela está bem ali, à nossa frente. No mundo digital, isto evidentemente é muito mais simples de ser feito, mas extremamente difícil, senão impossível de capturar e/ou reconhecer pela visão humana. Digamos que você clique no botão "gostei" (*like*) de um determinado blog sobre esportes, por exemplo. A dinâmica normal é que o autor do blog postar um conteúdo e os demais seguidores desse blog passarem a inserir comentários positivos ou negativos. Durante um tempo, entre o primeiro post e os comentários, acumula-se cerca de 80 a 90% do pico de tráfego associado àquele post específico. Usando o mesmo princípio da dispersão e baixa vigilância que os irmãos Dzhokhare Tamerlan Tsarnaev usaram na maratona de Boston de 2013, alguém inicia um diálogo nesta zona de baixo interesse – ou seja, nestes 10% após o período de pico em que provavelmente poucos ainda estão observando esse post (talvez o autor já tenha postado nesse intervalo de tempo inúmeros novos posts) – sobre um tema sem aderência ao assunto principal desse blog. Digamos que o blog seja sobre basquete, e um certo grupo "apodera-se" dessa plataforma digital para tratar de sequestros e trocar informações sobre a próxima vítima e/ou local, por exemplo.

De que forma rápida uma tecnologia de *big data* para segurança tem a capacidade e o poder computacional de capturar esse "conteúdo semântico – não aderente ao contexto"? Do ponto de vista de dimensão de tráfego, é equivalente a encontrar um grão de areia específico (*log*) num recipiente de 100kg (tráfego em tempo real da rede). Você poderá confrontar meu argumento com a válida afirmação de que alguém em algum momento y, após a postagem, irá estranhar essa frase e/ou post e comunicar ao autor do blog ou reportar de alguma forma. Na velocidade com a qual lidamos hoje e supondo que exista esse usuário disposto a "vigiar" esse blog, quanto tempo se passará para esse alerta ser considerado relevante e alguma decisão ser tomada a respeito? Na eventualidade de que exista este usuário vigilante sobre um conteúdo em não conformidade como este ínfimo elemento de dados, poderá esse elemento vir a ser associado aos demais usuários envolvidos, suas respectivas localidades e rotas de tráfego?

1.3.2 Da análise inteligente à tomada pró-ativa de decisões

Sugeri a você no início deste capítulo refletir sobre a dinâmica do combate ou disputa próxima entre partes onde a primeira regra preparatória básica e trivial seria conhecer melhor seu concorrente ou inimigo, certo? Nos filmes antigos vemos os grandes generais estudando os mapas do campo de batalha e montando suas brigadas e exércitos com miniaturas sobre uma grande mesa visível ao grupo de comandados, simulando opções e definindo qual será a melhor estratégia para executar no combate próximo. Nesse caso, o general em questão parte do princípio de que irá lutar contra uma divisão ou brigada do exercito y e, assim, como bom comandante, recolhe o máximo possível de informações a que tem acesso sobre *y* para armar suas estratégias de ataque e defesa.

Isso não é muito diferente de um cenário entre duas equipes de qualquer modalidade esportiva atual, mesmo que provenientes de continentes distantes. A informação disponível é coletada pelos assessores, e o técnico/comandante/general/almirante/presidente/CEO irá avaliá-las e definir o plano de ataque para atingir o objetivo principal, que é a vitória.

No final de 2002, montando uma apresentação para um determinado líder, criei um slide que mostrava dois soldados num momento pré-batalha muito preparados, porém portando armamentos e uniformes com características diferentes. Meu objetivo era transmitir visualmente a ideia básica de que para vencer uma batalha é fundamental "conhecer seu inimigo". **Porém, como saber quem é de fato seu inimigo nesta internet pública? Tecnicamente fantástica, porém igualmente selvagem, cruel e agressiva, como a vida do mundo físico.**

Com pequenas alterações mantenho até hoje esse slide, evoluindo alguns pequenos detalhes, porém com a mesma pergunta básica, exponencialmente maior nesta Web 3.0 hiperconectada!

Em paralelo, está surgindo uma nova geração de programas que o mercado denomina como softwares assistentes, num conceito associado às suas capacidades de "inteligência preditiva". Esses assistentes são programas agentes inseridos nos smartphones que, através da conexão permanente e em tempo real com a internet, constroem um tipo de mapa de preferências do usuário e apresenta – de forma antecipada – sugestões sobre temas de seu interesse baseadas nos perfis resultantes dos modelos matemáticos sobre situações no seu histórico de utilização.

Talvez você tenha o hábito ou goste de um determinado tipo de comida ou restaurantes. Seu smartphone, então, associando os elementos do seu perfil de preferências e conhecendo sua localização via GPS, apresenta-lhe na tela – **sem que você peça ou abra uma pesquisa** – sugestões de locais recomendados no perímetro em que você se encontra naquele momento!

A Apple inseriu nos modelos iPhone o aplicativo Siri para ser esse tipo de assistente. No início, a assistente tinha um vocabulário restrito a comandos simples. No entanto, com essa evolução, o usuário poderá começar a estabelecer um certo diálogo com a assistente Siri, seguindo o modelo do filme *2001 – Uma odisseia no espaço*, e mais recentemente na série de filmes *Homem de ferro*, em que os personagens "conversam" com sintaxes mais amplas e complexas com os computadores que interagem em diálogos mais estruturados até o encontro de uma resposta ou solução para uma determinada questão.

É possível prever algo do tipo:
"Siri, remarque a viagem de amanhã das 17h para às 14h."

Essa mensagem irá disparar um comando para que o *smartphone* ligue para a companhia aérea, o hotel, o serviço de transportes e talvez para os participantes daquela reunião que iria acontecer às 14hs, sem que você como usuário tenha de instruí-la a fazer isso, numa sequência natural e associativa dos eventos em sua agenda já vinculados a essa viagem, por exemplo. Menos interação humana e mais automação computacional visando a aliviar a agenda e prover mais qualidade de vida e organização às nossas vidas.

Usamos a expressão de "falso-positivo" em segurança para um **alerta não comprovado** que o sistema emitiu mas não tornou-se relevante. Todos os sistemas têm um nível aceitável desse tipo de alerta. Mas se eles tornarem-se predominantes ou forem emitidos em grande volume, é claro que irão gerar desconfiança no sistema, e portanto os operadores (usuários aqui) passarão a não mais aceitá-los, até que em um momento adiante deixarão simplesmente de usar um determinado aplicativo. As tecnologias de análise preditiva podem ou devem ter o mesmo parâmetro, em especial no início, até encontrarem o equilíbrio entre cobertura e precisão. De forma resumida, essas tecnologias são baseadas numa técnica conhecida como inferência bayesianas, que vem a ser um método estatístico baseado na regra de Bayes, que é aqui usada para atualizar as probabilidades estimadas para um determinado evento que tem múltiplas fontes de alimentação e variáveis. Além disso, inclui-se o fator dinamismo, visto que as equações matemáticas inseridas nestes programas "adaptam-se" à medida que os eventos evoluem. Em resumo, as massas de milhões de usuários será induzida a usar as sugestões dos softwares assistentes para tomada de decisões em curso, sendo que uma pequena alteração no encadeamento e correlacionamento dos eventos irá ou poderá produzir ou induzir a outros resultados e, portanto, a consequências muito diferentes daquelas esperadas.

Será muito atraente, portanto, aos hackers – quando atingirem esse nível de sofisticação em programação – entenderem os modelos matemáticos que sustentam as inferências citadas para, através de códigos maliciosos (*malwares*), inserirem uma pequena mudança nas equações que sustentam os códigos originais. Talvez surjam casos simultâneos em diversos locais do planeta ao mesmo tempo, sugerindo aos usuários tomarem um determinado caminho que, pela força do hábito e por confiarem nos smartphones, parece lógico, mas que irão conduzi-los a destinos físicos e/ou virtuais inesperados e inaceitáveis. Essa técnica pode ter sido usada na concepção do desenvolvimento do vírus Stuxnet, projetado para penetrar nos sistemas de controle industrial das centrais de enriquecimento nuclear de Natanz, no Irã, infiltrando uma sequência de código específica que provocou o descasamento intencional do funcionamento de "acelerar" e "desacelerar" das centrífugas, desativando os sistemas de alarme e provocando, por fim, sua autodestruição. Esse foi um dos primeiros relatos comprovados de inserção de código malicioso que alterou a operação física das centrais e causou desestabilização do sistema nuclear iraniano durante o evento. Em *Risco digital* conversamos sobre "quem é meu inimigo" e "como posso descobrir seus primeiros sinais", recorda?

1.3.3 Chegando até você – em meio físico – a partir do digital

Digamos que você tenha identificado seus inimigos em potencial. Então, com um passo lógico e racional, vamos buscar como nos defender desses aparentemente conhecidos inimigos do mundo físico e/ou digital. Porém, talvez você não saiba com exatidão ou não tenha percebido alguns dos seus próprios comportamentos digitais. Comento então, a seguir, em uma sequência simples e objetiva, como isso pode lhe afetar, por conta de detalhes a princípio irrelevantes ou por puro desconhecimento.

Fotos, imagens e mensagens instantâneas
Quando o Facebook adquiriu o Instagram por um bilhão de dólares em dinheiro vivo, a grande maioria dos seus usuários nunca tinha ouvido falar desse aplicativo de organização e edição de fotos. Dentro do próprio Facebook, o surgimento das funções de fotos e *likes* foram um dos grandes fatores de seu crescimento exponencial, chegando hoje a mais de um bilhão de usuários.

O gráfico a seguir mostra a distribuição dos conteúdos em fotos na web atual (dados de novembro de 2013).

Tecnologia ▮ Gráfico Diário

Maiores sites de compartilhamentos de fotos (novembro de 2013)
Uploads *diários de fotos entre os quatro maiores sites – 809 milhões de fotos*

- Flickr, 1%
- Instagram, 7%
- Facebook, 47%
- Snapchat, 49%

*Snapchat inclui compartilhamento de vídeos

BI INTELIGENCE
BUSINESS INSIDER

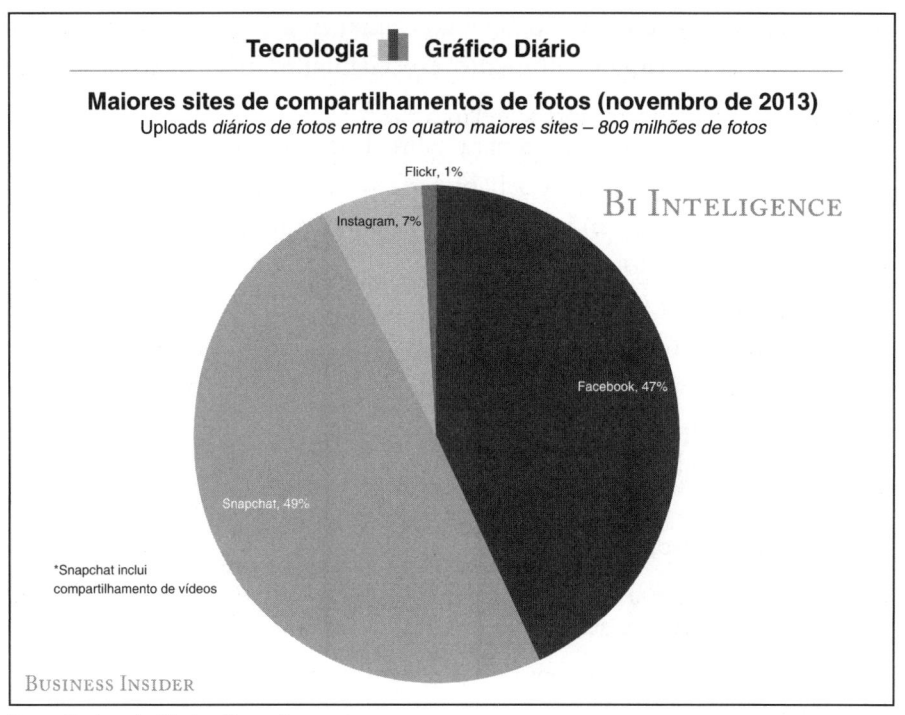

Fonte: *Business Insider Intelligence*[8]

De acordo com Cooper Smith, analista de pesquisa da Business Insider Intelligence, o Snapchat tem hoje cerca de 400 milhões de *snaps* (fotos e vídeos) enviados à sua base de dados diariamente. A grande maioria desses *snaps* são apenas fotos. O Facebook tem uma média de 350 milhões de fotos enviadas pelos usuários *diariamente*, enquanto o Instagram (que agora também pertence ao Facebook) possui uma media diária de 55 milhões de fotos.

Por motivos diversos e das mais variadas origens, todos nós, como usuários e seres humanos, temos este desejo comum de compartilhar – voluntariamente – fotos com imagens sobre fatos, datas e eventos relevantes da nossa vida pessoal e/ou profissional. A Kodak, grande líder do mercado tradicional de câmeras, praticamente faliu por causa da migração massiva das possibilidades antes existentes apenas em meio analógico para os smartphones, embora o mercado de câmeras profissionais também tenha evoluído. É trivial hoje operar os recursos de ajuste das câmeras antigas nos celulares,

---
[8] http://www.businessinsider.com/snapchat-edges-past-facebook-in-photos-2013-11

que trazem a grande comodidade e conveniência de estar conosco todo o tempo, enquanto naquele momento especialmente mágico nossa câmera estava em casa ou esquecida em alguma parte do veículo. O mercado de câmeras precisou reinventar-se para sobreviver aos desejos mais exigentes dos consumidores, enquanto o hábito de postagem de fotos digitais nas redes sociais explodia, sendo o Facebook, como vimos, a maior dessas plataformas no momento.

Estima-se que hoje o Facebook possua 240 bilhões de fotos nos seus servidores. A cada dia, mais 350 milhões (225 milhões apenas em maio de 2013) são inseridas nessa imensa base de dados. O verbo "possuir" é o mais adequado, pois, após a postagem voluntária do usuário, todos os dados contidos nesses grandes armazéns de dados (*data centers*), com seus milhares de servidores silenciosos, já não pertencem apenas ao usuário, mas também à plataforma; no caso, o Facebook.

Concedemos essa permissão quando nos associamos a um determinado site e também pelas nossas características e hábitos herdados do convívio pacífico e amigável do mundo real. Afinal, no mundo físico, qual o perigo real de compartilhar uma foto?

Caso você tenha deletado alguma foto ou eventualmente tenha desativado seu perfil em algumas dessas plataformas digitais, suas fotos postadas não mais lhe pertencem, e estarão armazenadas para sempre. Novas ferramentas de mineração de dados (frutos do movimento de *big data*) tornaram-se capazes de mapear, através de fotos, hábitos de consumo para rastrear clientes em potencial. O interesse comercial agressivo de conquistar mais e mais consumidores produziu este novo modelo de negócios, no qual, pelas fotos postadas de forma voluntária dos milhões de usuários, obtem-se informação válida para fins comerciais, num ciclo que se repete e realimenta-se à medida que os algoritmos tornam-se melhores, mais rápidos e precisos (anunciantes fecham mais negócios e expandem suas vendas).

Em *Risco digital*, citei algumas frases sobre este tema, mas a do senhor Scott McNealy, ex-CEO da Sun Microsystems, que agora pertence à Oracle, mantém-se muito atual e correta: "Você tem privacidade zero na internet, acostume-se com isso."

A grande maioria dos mais de 10 mil mandados judiciais que o Facebook respondeu em 2012 estão associados a fotos, perfis falsos e/ou não legítimos e a conteúdos indevidos postados. Por outro lado, você poderá facilmente verificar na lista de grupos permitidos por essa plataforma que existe uma extensa lista de, digamos, grupos criados em torno de temas polêmicos que beiram a ilegalidade, exploram a sexualidade ou que possuem condutas passíveis de questionamento. Acredito que numa evolução natural haverá uma contínua restrição dessa plataforma a esses grupos, sem no entanto inibir o respeito à liberdade de expressão, que é um principio básico da internet e naturalmente do Facebook.

Atualmente, temos à disposição diversas tecnologias de análise de fotos. Arquivos de foto jpeg ou outras extensões, sob a análise de ferramentas de investigação forense específicas podem nos revelar uma série de informações:

a) Pelo foco e características da imagem pode-se estabelecer a distância em que ela foi tirada.

b) A posição via GPS, plotada em mapas como o Google Maps, nos indicam o local exato onde a foto foi tirada.

c) Cada fabricante de câmera e celular inclui uma "inicial" no nome do arquivo da foto. Quando vemos uma foto com o arquivo de nome DSC05759, por exemplo, logo sabemos que foi tirada por uma câmera da marca Sony. Outros grandes fabricantes adotam o mesmo padrão. O número, neste caso 05759, indica o número daquela foto específica – caso o contador não tenha sido zerado manualmente pelo usuário. Temos também na assinatura da foto seu número de série, sendo portanto rastreável pelos investigadores, bem como pelos seus inimigos, o ponto de venda original.

Partindo do princípio estatístico de que nas redes sociais – no Facebook em especial – 8,7% de todos os perfis não têm associação com um nome real e 4% são totalmente fraudulentos (um número nada desprezível de 40 milhões de perfis falsos e/ou fraudulentos), e toda, *toda* informação na base de dados do Facebook é passível de ser pesquisada (a não ser que você invista cerca de duas horas ou mais ajustando as configurações de privacidade para não permitir pesquisas públicas), esse universo de fotos pode tornar-se um dos seus maiores inimigos não percebidos até o momento.

Segundo a ACFE (Association of Certified Fraud Examiners), da qual faço parte há alguns anos, a perda do faturamento das empresas por fraudes diversas, incluindo-se as digitais, é de 4% a 6%. Então, quando leio que no Facebook 4% dos perfis são fraudulentos, isso não representa surpresa em média estatística. Mesmo assim, o número de 40 milhões de perfis é assustador.

Existem ferramentas online gratuitas, como o Tag Galaxy[9], que vinculado às fotos armazenadas no Flickr (serviço de hospedagem de fotos do Yahoo!), permite de uma maneira incrivelmente rápida e intuitiva verificar em grandes círculos as centenas ou milhares de fotos disponíveis Flickr e rapidamente as organizarem círculos, de acordo com as tags que os usuários associaram àquelas fotos, por exemplo: "família", "lazer", "trabalho". Os círculos se expandem com a "colagem" ou agregação das fotos e você (assim com os investigadores) poderá do todo (círculos maiores) descer para os menores e mergulhar numa determinada foto, tendo os metadados da mesma (localização por GPS da máquina ou docelular utilizado).

Como estamos num mundo livre, se nós, profissionais de segurança, podemos rapidamente analisar estes círculos e criar analogias e vínculos entre os diversos domínios, os inimigos também podem. É trivial e intuitivo, após analisar as fotos e saber onde foram tiradas e quais os maiores agrupamentos, aprofundar as análises e mergulhar a partir das fotos para suas identidades digitais, como perfis legítimos, seus posts recentes etc.

Quando estamos numa dinâmica de captura dos maiores elementos para formar as evidências, essas informações iniciais permitem aos investigadores digitais mapear fisicamente onde estão os *targets* (alvos) do caso e analisá-los por um determinado período para confrontar e obter mais elementos (provas e evidências). Esses procedimentos investigativos que se tornaram possíveis por este tipo de ferramenta aceleram em muito os trabalhos com uma precisão que desconhecíamos até então. Em algumas poucas horas ou menos saímos de uma situação de zero informação sobre os envolvidos numa situação em potencial para o mapeamento físico dos locais de moradia, lazer e trabalho. É fascinante e também assustador porque sempre sinalizo ao leitor que essas ferramentas de software estão aí para serem usadas por todos que têm os melhores cérebros e recursos para montar bons centros de análise e inteligência de dados.

As fotos têm um imenso valor comercial, já que ao postar de forma voluntária locais como temas e/ou amigos envolvidos, as técnicas de análise

---

[9] http://www.taggalaxy.com/

de fotos e *big data* mineram esses elementos para criar padrões, tendências e, por fim, produtos em potencial a serem oferecidos.

As receitas das empresas de redes sociais não param de crescer porque os anunciantes (clientes) querem chegar desesperadamente mais perto dos consumidores, e essas incríveis técnicas de análise de dados fornecem as tabelas, os gráficos e diagramas sobre os possíveis consumidores e produtos, de forma muito sofisticada e granular.

Qualquer e-mail que você receba ou outra requisição online associada a qualquer tipo de produto ou serviço não é um acidente ou erro. Ela surge porque, em algum momento da sua navegação online, você concedeu a informação, mesmo que sob impulso ou ímpeto momentâneo (talvez você também entenda agora por que, no final da rodada do futebol das quartas-feiras, quando tudo o que você quer é saber os resultados dos jogos e principais notícias, surgem anúncios atrativos de sites adultos ou mesmo de pornografia e você é talvez induzido a clicar por alguns segundos pela pura curiosidade e mesmo surpresa), ou seja, pronto você foi capturado para um desses sites e agora está na base de dados dessas tabelas e cruzamentos de dados.

Já é possível apenas pelas fotos (em fase final de testes e uso inicial para os usuários nos Estados Unidos) e análises visuais gráficas criar novos vínculos sugeridos (convites para amizades ou participação em grupos etc.).

Muitos ou milhões de usuários foram atraídos pela associação de suas contas nas redes sociais com os celulares e sites de ofertas como o Foursquare.com, por exemplo, que trabalha com o princípio de bônus/cupons em troca de indicações de última hora para locais e restaurantes que não estão cheios naquele momento ou para um evento imediato que um autor identificou e passou a irradiar à sua comunidade. Todas essas associações e vínculos criam de forma antes inédita a possibilidade de uma ultrarrápida montagem dos seus hábitos e preferências.

As mídias sociais quebraram bruscamente as barreiras de comunicação entre países e culturas. Pelas redes sociais e sistemas modernos de mensagens (Tiger Text, por exemplo) uma mensagem pode não apenas ser enviada de forma instântanea a milhões de usuários em línguas nativas, como pode já ter um código de autodestruição embutido, ou seja, será destruída ou eliminada após "x" acessos por cada usuário ou mesmo após uma única leitura.

Aplicativos como o senduit.com e o oneshar.es permitem rastrear localização física em movimento (seus celulares com GPS), montando mapas de comunicação entre os receptores das mensagens (aqueles que a receberam e leram e os demais).

Também é possível (e ficou evidente pelos protestos em vários países) a possibilidade de envio de uma única mensagem para diversos grupos com tradução em língua local; por exemplo: "encontro no Times Square ao meio dia de hoje" chega em milhões de celulares instantaneamente na língua nativa de cada participante.

Caso John McAfee

O caso do milionário John McAfee, fundador da empresa de antivírus que leva seu nome, ilustra de forma exemplar esta questão crescentemente sensível das fotos (postadas em ambiente virtual) para investigações.[10] Ele tem 67 anos e grande parte da sua fortuna, pessoal foi reduzida em 96%, de 100 milhões de dólares para 4 milhões, devido a uma série de maus investimentos em títulos e propriedades. A gigante Intel adquiriu a McAfee em 2010 por 7,68 bilhões de dólares.

Como já relatei nos casos descritos no livro *Risco digital*, atuar em investigações de campo sempre nos traz grandes surpresas sobre a personalidade, relativas ao que costumo chamar de "desvios diversos".

Neste caso em particular, o sr. McAfee começou a gerar notícias não pelas suas capacidades técnicas e/ou executivas, mas por adotar uma série de hábitos incoerentes com sua posição social. Tornaram-se públicas suas relações com namoradas adolescentes, brigas passionais com ex-sócios, paixão por armas e uma não convencional participação em um site de produtores de drogas sintéticas.

Cruzando a fronteira do imaginário exótico para o mundo real, ele morava na ilha de Belize e estava foragido da justiça por três semanas devido ao seu possível envolvimento no crime que resultou na morte de um vizinho, Gregory Viant Faull. E, ele atravessa ilegalmente a fronteira com uma namorada de 20 anos e chega a Guatemala. Como sentia-se perseguido por

---

[10] http://oglobo.globo.com/tecnologia/john-mcafee-preso-na-guatemala-6949016
http://veja.abril.com.br/noticia/internacional/criador-do-antivirus-mcafee-e-preso-na-guatemala
http://tecnologia.uol.com.br/noticias/redacao/2012/12/12/john-mcafee-e-solto-de-prisao-na-guatemala-e-e-deportado-para-os-eua.htm

ex-sócios, passou a adotar um comportamento de vítima e a usar os meios de comunicação para expressar essa tese, criando uma situação até então pitoresca para suas aventuras fora dos Estados Unidos.

Entre esses veículos estava a revista digital *Vice*,[11] que enviou um repórter a Guatemala para entrevistá-lo nesta suposta jornada conspiratória contra ele. O repórter chegou a tirar uma foto junto com McAfee. A *Vice* publicou a entrevista e a foto, tirada no dia 3 de dezembro de 2012, às 12h26. A longitude e a latitude exatas (pelos recursos de GPS da câmera) estão descritas no metadados da foto. Cerca de quatro horas após a publicação da foto, essa informação valiosa foi percebida e reenviada via Twitter para as autoridades. McAfee foi preso (surpreso!) ao lado da piscina do hotel onde se encontrava pensando estar totalmente seguro e com a localização desconhecida por todos. A muito respeitada revista *Wired* publicou às 17h desse mesmo dia uma matéria com o sugestivo título em inglês: "Oops! Did Vice Just Give Away John McAfee's Location With Photo Metadata?"[12]

A expressão "Oops" no inglês é usada, coloquialmente, quando alguém comete um erro bizarro, tolo, ou um simples descuido. Aqui a sua adoção seria para enfatizar que a revista *Vice* cometeu este erro primário de divulgar a foto de um fugitivo da justiça contendo os metadados (informações que expliquei). A mais fiel tradução então poderia ser: "Opa! Teria a Vice divulgado a localização de John McAfee através dos metadados de uma foto?" Veja os metadados da foto na tabela abaixo:

Câmera	Apple Iphone 4S
Lente	4.3 mm
Exposição	Auto exposure, Program AE, 1/20 sec, f2.4, ISO 125
Flash	Desligado
Data	3 de dezembro de 2012 12:26PM (fuso horário não especificado)
Localização	15° 39' 29.4" N 88° 59' 31.8" W Altitude: 7.152159468 m
Arquivo	480 x 640 JPEG

---

[11] www.vice.com

[12] http://www.wired.com/2012/12/oops-did-vice-just-give-away-john-mcafees-location-with-this-photo/

A informação mais recente que desse caso é que John McAfee acusou a revista *Vice* de intencionalmente ter revelado sua localização através da divulgação da foto comos metadados para filmar sua prisão com exclusividade.

Google Glass – Surge uma nova interação entre o virtual e o físico

O iPod revolucionou a indústria da música e em sequência o iPhone interativo através do uso dos dedos das mãos, tornando produtos que criaram novos mercados inexistentes até o momento para inicialmente a Apple e em sequência para todos os demais fornecedores, polarizando esta disputa atual entre a sul-coreana Samsung e a norte-americana Apple.

Temos à nossa frente agora em 2014 – com o lançamento comercial deste produto, que tem tudo para novamente criar todo um novo mercado – fascinantes desafios associados à sua concepção e múltiplas formas de uso. Falamos de como o mercado de câmeras analógicas foi dizimado pelos celulares, agregando esta funcionalidade digital a custos compatíveis e fazendo explodir os números de postagens de fotos que também verificamos inimagináveis 5 a 10 anos atrás.

Segundo a empresa de pesquisas ABI, apenas em 2012 foram comercializadas mundialmente um bilhão de câmeras acopladas a celulares.[13] Assistimos gradualmente a inserção de câmeras digitais nos veículos. A princípio, pelos custos, apenas nos modelos mais sofisticados, chegando aos dias atuais como um item praticamente padrão em veículos de médio porte. Na Rússia, por exemplo, devido a questões envolvendo disputas de seguros e sinistros fraudulentos entre motoristas, mais de um milhão de veículos possuem recursos de gravação do percurso para evitar e/ou provar as evidências numa potencial situação de litígio.

Pois bem, o Google Glass é um dispositivo no formato de óculos com que possui uma pequena lente de projeção em frente a um dos olhos. Através desse dispositivo será possível gravar imagens *in motion* (em movimento), fotografar com um comando de voz ou pelo piscar dos olhos (um comando não sonoro e não perceptível mesmo a curta distância); realizar pesquisas através de comandos de voz (produto principal de receitas do Google); antecipar (ou apresentar sugestivamente) aos usuários pesquisas ou itens que os algoritmos captaram como de seu interesse, além das

---

[13] https://www.abiresearch.com/press/over-1-billion-cameras-shipped-in-smartphones-and-

funções mais tradicionais dos computadores atuais como acessar e-mails, calendário, eventos, contatos, mensagens instantâneas e, claro, navegar pela internet.

Cerca de 10 mil voluntários já usam o protótipo do Glass e expressam fascinação com suas possibilidades.[14] Segundo informativos oficiais do Google, não estarão inseridas a tecnologia de reconhecimento facial por questões de privacidade, mas é muito provável que os concorrentes fora dos Estados Unidos (em especial sul-coreanos e chineses) sigam outros princípios e rapidamente insiram essa funcionalidade nas milhares de variações do Glass que deverão surgir no mercado.

Lembra do filme *Minority Report*, de 2002, quando o personagem do ator Tom Cruise sofre um "transplante de olho"? Sua nova retina é capturada pelos leitores óticos públicos (governamentais) e "sua" identidade (outra associada àquela retina) é projetada nos grandes monitores. Imagine a combinação dessas capacidades de reconhecimento facial nos dispositivos Glass dos milhões de usuários ao cruzarem com a multidão e/ou em interações pessoais.

Em uma cena hipotética, pessoas que interagem no ambiente físico também vão interagir no meio digital ao receberem em suas microtelas do Glass informações de uma base de dados pública sobre o interlocutor. Policiais estarão com Glasses especiais, talvez de uso inicialmente restrito para uso militar em operações de captura de criminosos, e, em vez de, como hoje, tirarem uma foto e enviarem à central mais próxima pela rede móvel, poderão ao menos visualmente ter uma imagem de boa qualidade do suspeito, com um comando via Glass para avançarem muito mais rapidamente. Ciclistas e atletas em percurso, ao chegarem a um determinado local, poderão ver na tela a localização por coordenadas geográficas, assim como medições de temperatura, vento, distância percorrida etc. Médicos poderão operar pacientes visualizando pelo Glass cenas e/ou rotinas do melhor procedimento a seguir, validadas pela base de dados do hospital, clínica e/ou unidade de saúde mais adequada para a situação. São múltiplas as possibilidades de entretenimento, lazer, ensino, treinamento esportivo e pesquisas.[15]

---

[14] Veja em: http://www.google.com/glass/start/how-it-feels/#video=hif-video

[15] Em 27 de novembro de 2013, o *Wall Street Journal* publicou uma matéria sobre a primeira multa de trânsito aplicada na Califórnia para uma motorista por dirigir seu veículo usando o Glass (http://blogs.wsj.com/law/2013/10/30/wearing-google-glass-and-driving-the-next-traffic-violation/). Então, fica minha sugestão a você numa alusão ao filme *Se beber, não case:* se for dirigir, não use o Glass.

Incorporo este novo tema ao contexto desta obra pelas igualmente desafiantes questões associadas ao dilema **segurança x privacidade**. Nos países da Europa onde temos uma tendência maior à preservação da privacidade, haveria um controle maior na adoção do Glass pelas massas? Como conter o desejo de compra dos consumidores por mais este dispositivo? Em locais públicos, haveria alguma forma possível de controle e/ou regulamentação viável sobre o que cada uma destas microtelas estaria registrando? Seria permitido gravar qualquer conteúdo – **a exemplo das câmeras nos celulares de hoje** – sem a permissão da outra parte? (Como saber que se iniciou uma gravação que é ativada por um comando de piscar de olhos?)

Nos celulares de hoje, embora de fácil manipulação pelas dimensões, é possível visualmente verificar a direção, tempo e a angulação de uma foto e/ou filmagem, mas nesses dispositivos será praticamente impossível. Então você poderá estar com alguém durante "x" minutos, sem saber que a sua conversa com o interlocutor foi gravada sem sua autorização verbal.

Especula-se que uma das aplicações que mais atiçará o imaginário das pessoas é a capacidade de gravação, em potencial de longas sequências da sua vida. A justiça poderia decidir, por exemplo, que um cidadão em liberdade condicional tenha de usar esse dispositivo que estaria conectado à prisão mais próxima, registrando todos seus movimentos, numa comparação ao que hoje é feito pelas tornozeleiras eletrônicas, que vigiam via GPS os locais onde estes cidadãos circulam.

Com o Glass teria-se o registro GPS e visual do que se está fazendo o tempo todo. É previsível imaginar que esses novos dispositivos computadorizados logo começarão a ser alvos de ataques digitais, através da camada do sistema operacional ou por vulnerabilidades diversas da própria e simples navegação pela internet.

Citei George Orwell em *Risco digital* pelo seu magnífico livro *1984*, no qual uma entidade (governo, *big brother* ou grande irmão) observa todos os cidadãos com o objetivo de controlá-los em todos seus mínimos movimentos diários nas residências pré-fabricadas e iguais que o "sistema" provê à população. O uso do termo *big brother* difundiu-se, sendo entendido pela maioria da população. Agora, com os dispositivos Glass, inverte-se o modelo, já que bilhões de *little brothers*, ou pequenos irmãos, teoricamente terão a capacidade de constantemente registrar tudo o que se passa à sua frente (de acordo com as capacidades de armazenamento) por toda a vida enviando a servidores no *cloud* (nuvem) via redes móveis rápidas os registros e imagens.

Imagine bilhões de *minibrothers* organizando-se em células ativas e lutando por uma causa comum? Comunicando-se com o piscar de olhos e tendo à sua frente toda uma base de dados?

Em 27 de novembro de 2013, 14 países da União Europeia apresentaram uma queixa relacionada à privacidade de dados ao mesmo Google, basicamente sobre a mesma questão polêmica do uso de fotos e comentários associados voluntariamente pelos usuários do Google+ (similar ao mecanismo de histórias patrocinadas no Facebook) em anúncios pagos através da função *shared endorsements* ou "recomendações compartilhadas". Significa que, se um usuário segue determinado fabricante (de veículos ou de artigos esportivos, por exemplo), esse usuário e sua foto poderão aparecer vinculados a um anúncio digital desse fabricante na tela dos demais usuários que tiverem acesso a essa publicidade. As autoridades de proteção de dados da Noruega, Suécia, Suíça, República Checa, Dinamarca, França, Itália, Eslovênia, Áustria, Bélgica, Alemanha, Lituânia, Holanda e Polônia submeteram em conjunto uma queixa para dar início à investigação sobre esta funcionalidade e sua consequente limitação parcial ou desabilitação.

Celulares inteligentes com capacidades adicionais de segurança

Como vimos no gráfico da figura, o crescente uso da internet em celulares inteligentes (smartphones) tende a ultrapassar rapidamente os computadores de mesa (desktops) e notebooks. Essa tendência não demonstra sinais de mudança, portanto, era natural que surgisse a busca com um formato de comunicação verbal através desses dispositivos em que um nível adicional de segurança envolvendo chaves criptografadas pudesse ser aplicado.

Acompanho desde 2009 várias iniciativas envolvendo os mais diversos fornecedores, desde os grandes do setor de consumo até os de nicho, focados em alguns dos componentes. Porém, nenhuma delas conseguiu ainda atingir massa crítica suficiente que indicasse um nível de liderança neste mercado. Natural imaginar que, com o aumento da adoção destes dispositivos *joining words* surgissem técnicas mais agressivas de ataques invasivos ou apenas hospedeiros, visando compartilhar os valiosos conteúdos dessas comunicações.

Riscos associados à comunidade móvel?

- Líderes e executivos seniores.
- Segurança operacional.
- Operações especiais.
- Execução de negócios e transações financeiras.
- Agências governamentais & Justiça & vigilância.
- Grupos de trabalho multiagências.
- Operações em localidades distantes/infraestrutura.
- Acesso remoto às redes de dados corporativas.
- Ativação de controle de acesso a instalações físicas.

O presidente Obama foi um dos primeiros chefes de Estado a manter seus hábitos pré-eleição e continuar usando um smartphone para comandar seu governo com agilidade e independência de localização física. Pode-se criticar ou argumentar sobre o modelo ou fornecedor escolhido, porém vejo a questão por uma dimensão mais ampla, onde o importante a destacar é a escolha de um dispositivo móvel para tomada de decisões de missão de forma imediata. Associado a essa questão está toda uma nova reorganização dos grupos de trabalho e/ou de confiança que podem participar de determinados assuntos e/ou missões simultâneas tendo a capacidade lógica de adaptação a novas tarefas e/ou grupos em função dos acontecimentos sem que o dispositivo físico tenha de ser trocado ou reprogramado. Na figura a seguir vemos uma representação de interceptação ilegal de comunicação via celulares usando a instalação de um dispositivo (*tap*) de forma irregular em algum ponto da rede das operadoras, visando a capturar toda uma sequência de informações (voz, dados) ou alguns usuários em particular. As operadoras devem manter sistemas de controle sobre eventuais dispositivos desse tipo instalados e/ou tendo a capacidade de acesso não perceptível às suas redes de comunicação por um determinado tempo ou janela de oportunidade de uma situação em curso.

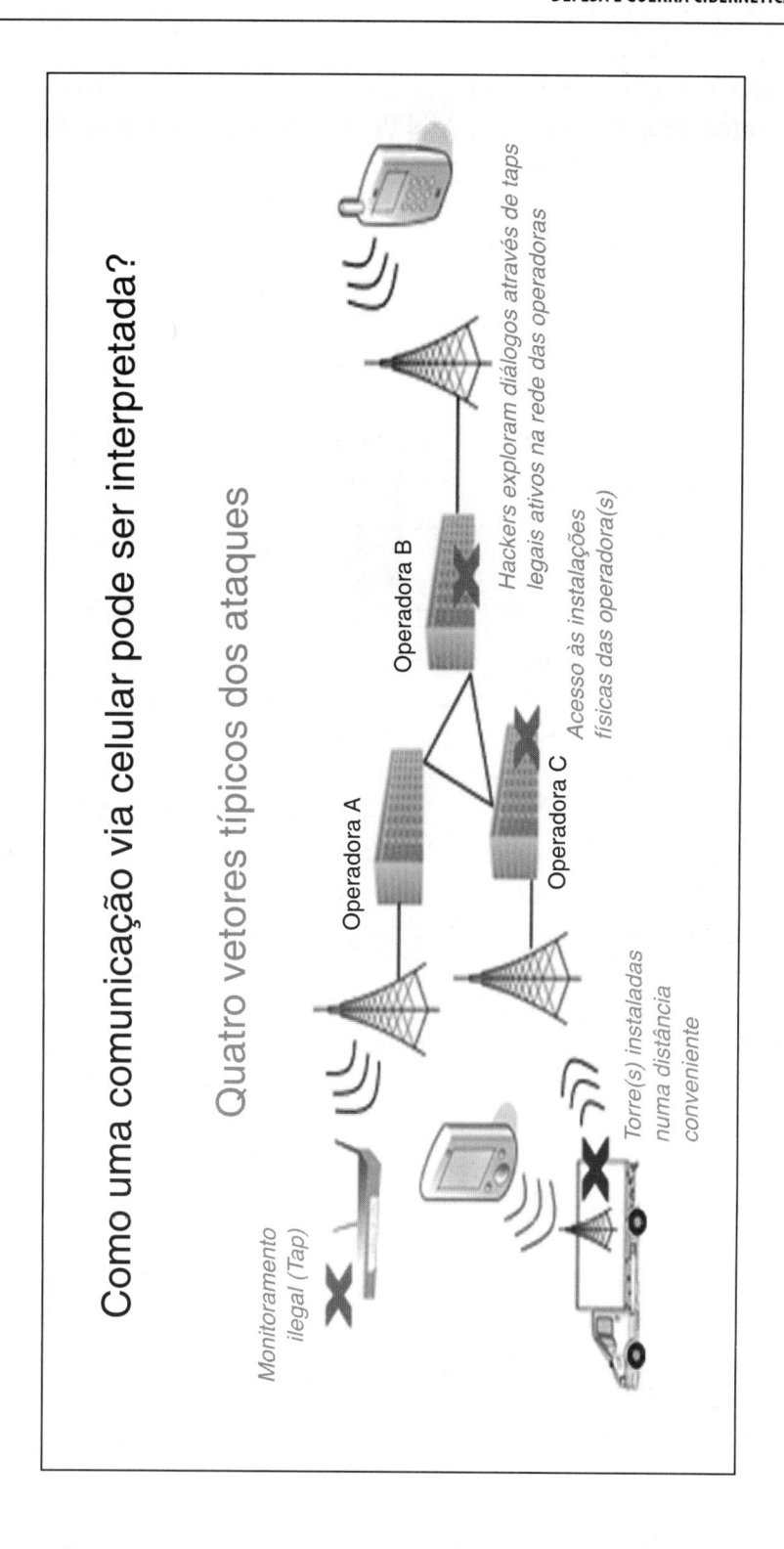

Como uma comunicação via celular pode ser interpretada?

Quatro vetores típicos dos ataques

Monitoramento ilegal (Tap)

Hackers exploram diálogos através de taps legais ativos na rede das operadoras

Operadora A

Operadora B

Operadora C

Acesso às instalações físicas das operadora(s)

Torre(s) instaladas numa distância conveniente

Outra forma de obter o conteúdo da comunicação são os ataques conhecidos como MIM (Man in the Middle) que pode ser interpretado como uma captura na camada do transporte dos pacotes de dados que estruturam o diálogo via comunicação celular para um aparelho "intermediário" que observa essa comunicação, podendo estar passivo (mantendo o fluxo do diálogo sem latência no tempo de resposta) ou atuar mais agressivamente como um interceptador desse diálogo.

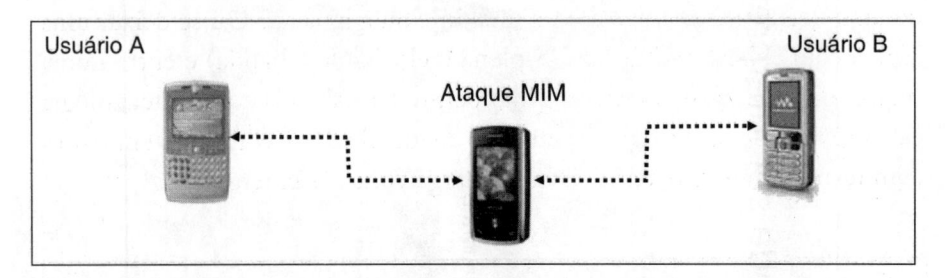

Usuário A — Ataque MIM — Usuário B

Existem várias possibilidades nesta área, desde fornecedores que concentram-se em criar chaves e mecanismos de criptografia para uso em celulares de mercado, outros que criaram aplicativos nos cartões micro SD (microchips seguros). Ainda existem iniciativas visando à integração de todas estas funções num único aparelho/dispositivo possível de uso tanto para diálogos restritos nos grupos de confiança (figura a seguir) como abertos com usuários normais fora desses controles. Para o escopo desta obra, o importante é que você tenha a visão que em algum momento da sua vida digital essa oferta será necessária e os custos, que hoje ainda são relativamente altos, tendem a se tornar acessíveis. Seja você um microempresário, CEO de uma grande empresa, auditor financeiro e/ou contábil ou ligado de alguma forma às questões legais, a amplitude de usuário para estes sistemas parece-me muito natural de acontecer. Até hoje estas tecnologias não decolaram por não encontrarem sua equação financeira adequada na relação custo x benefício, não atingirem os níveis de latência mínima, imperceptível ou inexistente nos diálogos e por não propiciarem aos usuários uma experiência confiável no tocante à continuidade dos diálogos em ambiente seguro (criptografado) devido às áreas cinzentas das redes 3G e 4G. A figura a seguir tem o objetivo de sugerir um mosaico sobre uma possível modelagem dos seus grupos de confiança e aqueles com os quais você não tem essa necessidade. Você e seu interlocutor devem ter um cartão micro SD compatível para que, no momento da abertura da chamada, os sistemas abram a comunicação − validada por uma central/*clearing* onde as chaves criptografadas estão armazenadas −, validem e criem este "envelope" de comunicação entre você e uma outra parte de modo que os diálogos ocorram em ambiente seguro.

Talvez lhe surjam algumas perguntas, como: O que ocorre se um dos envolvidos neste diálogo estiver em movimento e sair da área de cobertura de uma determinada torre com a qual iniciou a ligação? Ou se deixar uma região com cobertura 3G ou 4G plena (velocidade e banda) e entra numa região ainda sem esses recursos. São perguntas cabíveis e que a tecnologia está próxima de encontrar um formato adequado e viável mesmo em países com restrições de cobertura de banda larga como os emergentes.

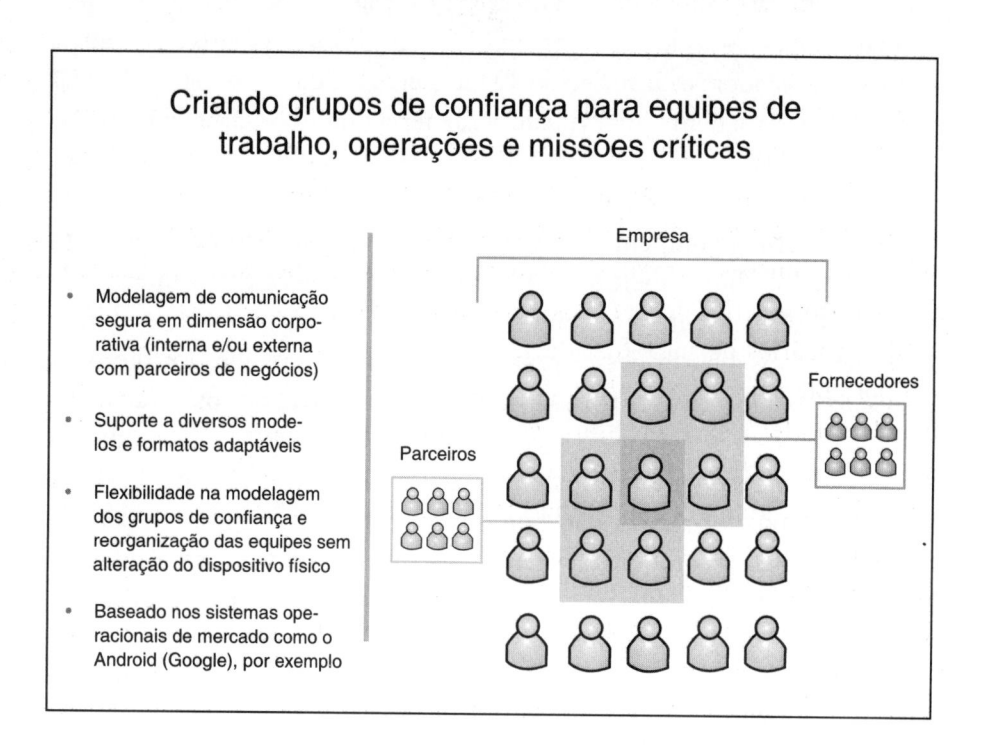

Criando grupos de confiança para equipes de trabalho, operações e missões críticas

- Modelagem de comunicação segura em dimensão corporativa (interna e/ou externa com parceiros de negócios)
- Suporte a diversos modelos e formatos adaptáveis
- Flexibilidade na modelagem dos grupos de confiança e reorganização das equipes sem alteração do dispositivo físico
- Baseado nos sistemas operacionais de mercado como o Android (Google), por exemplo

Finalizando esta questão, fique com a percepçãode que a indústria de segurança e telecomunicações busca por um modelo no qual não haja a necessidade de uso de um dispositivo/aparelho especial para comunicações seguras e outro para uso normal em redes GSM abertas. Está provado que não é o desejo dos consumidores manter diversos dispositivos móveis e contratos com diferentes operadoras. Talvez você já tenha experimentado esta situação e reconheça a inconveniência que advém dessa escolha. Espero num espaço de tempo relativamente curto assistir à disseminação mais robusta desses novos aparelhos com níveis de segurança adicionais, porém mantendo toda a flexibilidade, modularidade e uso interativo dos modelos atuais.

1.3.4 As novas faces do terror digital

No dia 4 de outubro de 2013, a BBC inglesa exibiu uma entrevista conduzida por uma das mais experientes apresentadoras do canal, KirstyWark, com Glenn Greenwald, jornalista do *The Guardian*, responsável pela divulgação do caso Snowden. A entrevista foi classificada pela mídia como "a mais embaraçosa de todos os tempos" pelo bizarro e agressivo debate entre entrevistadora e entrevistado. O tema era algo que veio a se consolidar depois mais claramente por evidências: a oferta gratuita e farta de informações valiosas aos grupos terroristas. Em sequência, pude assistir várias vezes à corajosa e sempre coerente âncora da CNN para assuntos internacionais, Christiane Amanpour, em diálogos com o serviço secreto de Israel e do Reino Unido sobre o imenso e irreversível perigo que esses vazamentos de informações representam e como os terroristas organizados irão se tornar mais agressivos a partir desse conhecimento valioso que lhes for ofertado. Especula-se que teriam sido esses os grandes beneficiados dos vazamentos e, enquanto os governantes e suas equipes ficam confusos e andando em círculos anunciando medidas patéticas para mitigar ou retaliar os episódios divulgados, os terroristas estão tendo essa imensa vantagem competitiva e construindo aquilo que virá a ser a nova geração de técnicas de ataques cibernéticos. Aprendi a técnica de entrevistas com um dos meus colegas de trabalho, o melhor especialista que conheço nessa matéria. Minha mente analítica me induz sempre a pensar que nada acontece por acaso e que por trás de toda pirotecnia verbal inútil que temos o desconforto de acompanhar nos últimos meses, os verdadeiros receptores das informações "úteis" estão trabalhando a todo vapor, além de se divertirem assistindo ao mundo ocidental de certa forma desorganizado nesta zona de conhecimento.

Alianças que se mantinham sólidas desde a Segunda Guerra Mundial, de repente – por um episódio cibernético – são fragilizadas sem que se possa de fato explicar ao grande público toda a verdade pela sua natureza intrínseca sigilosa e sensível. Neste contexto, sou levado a associar esta estratégia àquela que os traficantes usam quando querem atacar um determinado alvo, a conhecida criação de um falso evento num outro local para deslocar a força policial a atender esse chamado enquanto atuam numa outra área geográfica no evento/foco real. Até o momento, essa tende a ser a minha interpretação do "fator motivacional" do sr. Snowden ao vazar, ou melhor, "roubar" todas essas informações. A dispersão – grande e mundial, neste caso – foi criada. Na edição da revista *Veja* de 2 de outubro de 2013, o experiente jornalista brasileiro especializado em tecnologia, Ethevaldo Siqueira, fez uma lúcida e coerente análise deste episódio com o intrigante título de "Mas que confusão!"[16] Concordo, porém sugiro readaptar o título para "Mas que grande dispersão!" Assistimos os governos aliados, entre eles Brasil, Alemanha, França, Espanha, pedindo por explicações que nunca serão ou poderão ser totalmente explicadas ou fornecidas (em especial, para o grande público), consumindo uma enorme quantidade de energias de boas cabeças, bem como – e infelizmente – a mídia sensacionalista, por sua vez confusa, sobre o que publicar e quais seriam as fontes válidas ou legítimas nesse caso.

Chefes de Estado, incluindo os do Brasil, México e da Alemanha, sentem-se invadidos na sua privacidade em diálogos pessoais em celulares e indignados, e com razão (particular), pedem explicações. Dessa forma, chamam (ou desviam) a atenção da mídia mundial para debates infrutíferos de violação de privacidade em termos de Estado/Nação, levando a questão a um patamar sem racionalidade prática e gerando uma imensa dispersão e perda de energias. Assistimos aos anúncios de pré-projetos sobre planos mirabolantes de contenção e/ou controle do uso da internet, anunciados em linguagem dos anos 1920, totalmente inviáveis tecnicamente, seja pela própria limitação do escopo, ou simples por uma total indisponibilidade de ferramental adequado para aplicação em tempo minimamente viável, expondo governos e em sequência induzindo milhões de cidadãos a erros básicos e primários de julgamento sobre os mecanismos da criação, crescimento e operação da internet mundial. Enquanto isso, posso intuir que os líderes do Hezbollah, Hamas, ISIS e Al-Qaeda estão recrutando

---

[16] http://www.ethevaldo.com.br/portal/images/documentos/veja2013.pdf

ativamente seus melhores "hackers terroristas" – esta nova e viral classe de técnicos que surgiu – superagressiva e devotada a uma causa em geral religiosa, para através dos 200 mil documentos secretos "roubados" pelo sr. Snowden avançar contra países, governos e grandes corporações do mundo ocidental de uma forma jamais concebida como possível num curto espaço de tempo. Quando escrevi para a revista *Exame Negócios*, o artigo "Imagens do Terror", publicado na edição de 13 de novembro de 2001, em sequência aos atentados de 11 de setembro de 2001,[17] descrevi para os leitores os princípios da técnica conhecida como "esteganografia", que naquele momento parecia ser o que de mais avançado poderia ser feito para camuflar comunicações de rastreamentos e/ou escutas. É assustador estabelecer parâmetros de comparação sobre o conhecimento acumulado pelos terroristas que levou ao êxito desse evento único e sem precedentes na história da humanidade. Irei explorar mais à frente essa questão, mas para efeito desse capítulo, poderíamos agrupar genericamente a capacidade intelectual dos hackers terroristas em seis grupos, associados a suas motivações:

1. Hackers ativistas.
2. Hackers (soldados) bélicos (ataque e defesa).
3. Hackers invasores.
4. Hackers difamatórios.
5. Hackers disruptivos.
6. Hackers criminosos (fraudes financeiras diversas).

Considerando que em nenhum momento do pós-Segunda Guerra o padrão cultural e comportamental do sonho americano foi tão odiado pelos países não alinhados, em especial no Oriente Médio, tornou-se explosivamente atraente a combinação de uma juventude com acesso a tecnologia, porém sem perspectiva econômica razoável, com a adoção fervorosa a causas questionáveis de raízes religiosas e/ou étnicas para os grupos hackers citados.

O recrutamento desses milhões de jovens sem causa torna-se fácil por meio de discursos ardorosos associados a defesa da causa, em muitas vezes não diretamente associadas a um benefício econômico. Os grupos

---

[17] http://exame.abril.com.br/tecnologia/notícias/imagens-do-terror-m004331

organizados, entre eles o ISIS, sabem como manipular essas jovens mentes brilhantes para o mal e torná-las verdadeiras "armas de guerra" para uso no momento e local adequados.

Não é muito diferente dos homens-bomba que são recrutados da miséria de uma vida sem nenhuma perspectiva para cumprirem uma missão suicida. Porém - como previ em 2006 -, os terroristas já aprenderam que é muito perigoso e mortal esse modelo em relação ao que é possível obter com armas cibernéticas. Silenciosas, frias, extremamente difíceis de ser rastreadas, sem mortes físicas (efeitos colaterais) diretamente associadas portanto, sem punição. Veja como é bem simples até para QIs de médio a baixo; se é possível obter um maior e/ou melhor efeito positivo num ataque através do mundo digital, comparado a toda logística, preparação, custos e mortes no mundo físico, por que não realocar os recursos para o digital/cibernético? É muito óbvio, e nada melhor para comprovar essa tese do que os bunkers digitais em plena atividade no bloco três da prisão de Pul-e-Charki, no Afeganistão. São simplesmente inúteis muros, cercas, grades e todo o aparato da segurança perimetral física contra o poder cibernético lá estabelecido e em plena operação.

1.4 PRISÕES DIGITAIS

Pul-e-Charkhi nos agride e confronta como um tapa no rosto do modelo de reclusão e penas do mundo físico. As gangues e os criminosos logo se reorganizam para o mal em locais desse tipo e corrompem os vigilantes, sempre muito mal pagos e armados, para montar ambientes digitais altamente poderosos. De nada adianta isolar fisicamente por certo tempo um hacker ou um indivíduo associado a ele se através de corrupção e contrabando é relativamente fácil montar ambientes nos quais a prisão física terá apenas o papel de "juntar" esses elementos condenados por crimes físicos e "ajudar" na montagem de equipes, envolvendo em plena "liberdade" perante a internet elementos de dentro e fora do sistema das prisões. Sempre haverá um fornecedor corrupto o bastante para vender equipamentos de alta capacidade com bons preços a esses grupos, e não haverá muita diferença técnica entre esses ambientes e os que se supõem posicionados a defender tais ataques. Na verdade, a passividade, a lentidão, a inércia ou a simples ignorância dos gestores nas empresas e nos governos para prover as equipes de segurança cibernética de equipamentos, redes e softwares corretos para uma defesa adequada ou pelo menos equilibrada contam a favor dos terroristas e criminosos. Infelizmente, gestores de negócios e seus pares financeiros são ainda muito mal preparados para entender as necessidades das equipes de segurança e toda a nova dinâmica dos negócios no mundo digital. Ao mesmo tempo em que incentivam vendas e marketing pelos canais digitais, não conseguem entender os erros e riscos a que estão se expondo. Não pensam que estão com inimigos de verdade e "esperam" pelos primeiros ataques para investirem em algo razoável relacionado aos sistemas de defesa digital. Em muitas das minhas palestras ouço esse tipo de pergunta e entendo a raiz do problema principal. Em média, CEOs/CFOs assumem esses cargos aos 40-50 anos de idade. Há 25-30 anos atrás, quando concluíram suas formações básicas (ensino fundamental, médio e superior), eles muito provavelmente não tiveram qualquer contato com um computador! Não haviam tablets e iPhones com recursos intuitivos, e era realmente complexo aprender a programar. Esses executivos evoluíram em suas carreiras e hoje estão em posições de comando de negócios e governos sem terem tido a mesma oportunidade das gerações atuais, que já nascem digitais ("os nativos digitais" apontados em meu livro anterior). Como explicar para um CEO que seu negócio pode estar sendo atacado neste momento e toda sua base de clientes roubada ou adulterada de dentro de uma prisão no Afeganistão? Ou nos subúrbios cariocas? Não há qualquer diferença no universo da internet desde que o ativo (alvo) seja vulnerável e tenha algo interessante e de valor! Tentativas de regulação que criam a obrigatoriedade de localização física de centros de dados (*data centers*) visando a mais segurança na internet são algo inócuo tecnicamente para reforçar ou prover mais segurança. O mapa a seguir mostra como estão os pontos de entrada (conexão dos roteadores de tráfego de alta velocidade) da América do Sul com a internet mundial. Veja que é uma estrutura a princípio anárquica, mas que funciona muito bem.

Os militares sempre desenham seus modelos de comando de cima para baixo a partir de um líder; de sua primeira linha de subordinados (5 a 7), e assim sucessivamente até os milhões de soldados que nem cabem no organograma. Pois bem: na internet, o modelo é anárquico e muito provavelmente o melhor e mais harmônico em operação mundial.

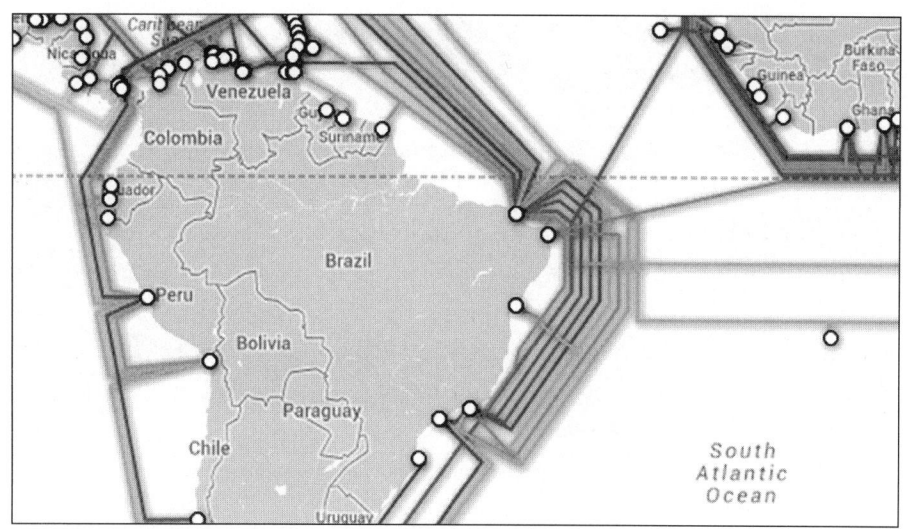

Fonte: retirado de (http://www.submarinecablemap.com/)

Na figura anterior você está vendo as rotas que os equipamentos roteadores de alta velocidade de tráfego executam para estabelecer a maravilhosa comunicação instantânea entre um habitante na América do Sul com um outro lado do mundo e vice-versa. Observe que o Brasil tem seis desses pontos de entrada através de acordos entre as grandes operadoras de telefonia do país com seus pares nos Estados Unidos. Toda essa comunicação é feita em camadas de tráfego, sendo que as grandes interconexões entre o país e o mundo exterior em algum momento forçosamente têm de passar por uma dessas rotas.

Em termos genéricos, esse tráfego é gradativamente segmentado (distribuído) por operadores locais operando em velocidades e roteadores de menor capacidade até chegar à sua conexão.

Na figura a seguir você tem uma representação do fluxo de tráfego da internet entre os grandes roteadores de tráfego. Quando os primeiros grandes ataques hackers aconteceram em 2000, contra alguns dos principais sites da internet da época, como o Yahoo!, haviam apenas 13 grandes roteadores de tráfego de alta velocidade, em todo o mundo. Os impactos negativos desta primeira onda de ataque de negação de serviço (Denial of Service – DoS)obrigou as operadoras e o governo americano a criarem um modelo mais pulverizado e segmentado visando a proteger a grande estrutura mestra de roteamento dos pacotes.

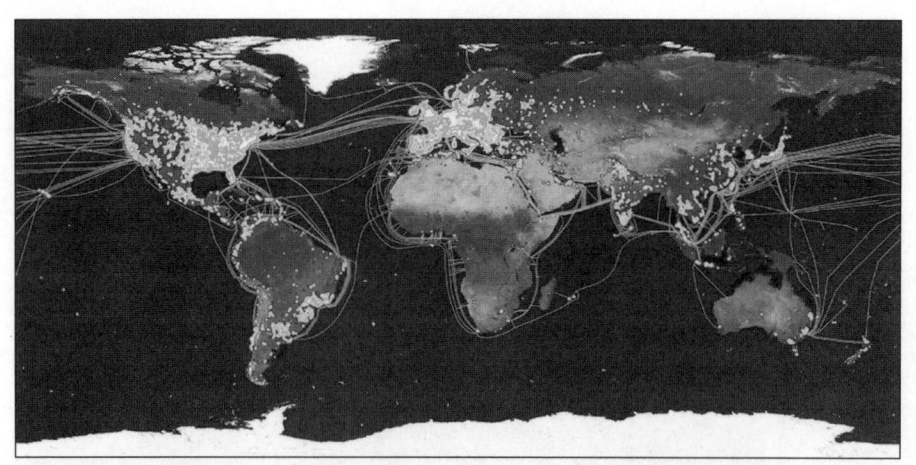

Fonte: Retirado de http://news.softpedia.com/newsImage/Internet-Shutdwn-Postponed-by-Court-to-July-9-2012-2.png/

Nesta outra figura está uma visão mais tridimensional dos tráfegos e suas rotas principais. Essa é a internet em que alguns com algum tipo de desvio ou limitação mental tentam a todo custo criar mecanismos de controle "físico" para repetir seus modelos de poder no tocante a "restringir", "controlar" e tentar "dominar".

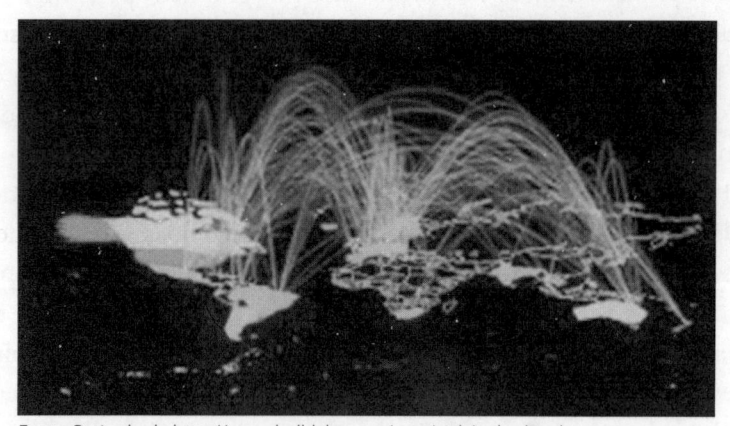

Fonte: Retirado de http://www.bell-labs.com/user/eick/index.html

Aqui vemos uma representação do tráfego nos Estados Unidos classificado por volume e intensidade.

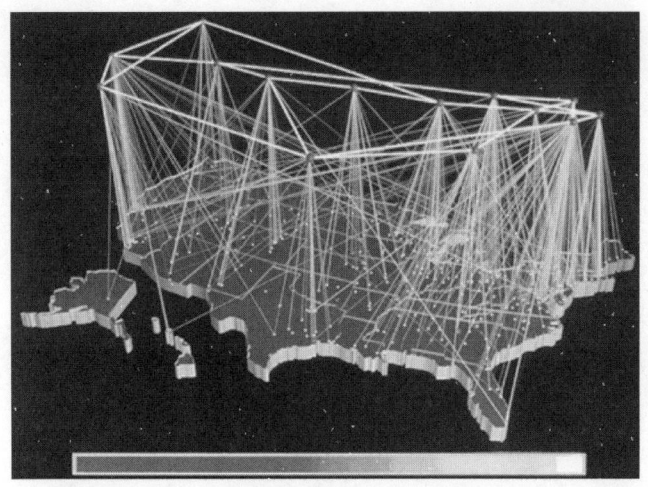

Fonte:http:http://www.nsf.gov/discoveries/disc_images.jsp?cntn_id=111970&org=NSF

Crédito: Donna Cox and Robert Patterson, courtesy of the National Center for Supercomputing Applications (NCSA) and the Board of Trustees of the University of Illinois

O que você absorve dessas figuras, apenas usando o bom senso? Uma estrutura super hiperconectada, dinâmica, adaptável e interdependente. Algo como um grande fluxo que começa nas nascentes de água nas rochas chegando aos pequenos rios locais, que alimentam os maiores, chegando ao mar aberto.

Então se você intervém num brilhante ecossistema "vivo" como este, em algum ponto desta engrenagem, é previsível imaginar que de algum modo todo o sistema será afetado. Usar modelos do mundo físico nesse modelo virtual simplesmente não se aplicam, e lamento ouvir e mesmo ler tantas tentativas de associação inúteis envolvendo busca de poder sobre essa matéria. A *matrix* está viva e vibrando energia todos os dias e funcionando incrivelmente bem!

2
SEGURANÇA GOVERNAMENTAL E MONITORAMENTO

2.1 ATÉ ONDE PODERÁ CHEGAR O ESTADO?

Como vimos, na Web 3.0 hiperconectada, a análise das informações será considerada matéria-prima fundamental para a tomada de decisões, e terá importância similar ao aço ou petróleo nas suas respectivas indústrias. Trataremos com maior profundidade dos valores financeiros e das ameaças contra esses novos ativos tangíveis e propriedade intelectual associada em um capítulo posterior.

Nos governos, o acesso e a compreensão dessa imensa disponibilidade de dados, remete a uma dimensão e a uma dinâmica que poucos ou talvez nenhum governante atual pode ainda assimilar por completo. Governos com posturas democráticas, opressoras, autoritárias, totalitárias, anárquicas ou mesmo aqueles ainda com ações não transparentes e próximas da percepção de práticas associadas à corrupção farão tudo que for possível para ter acesso às informações dos seus cidadãos. A visão de George Orwell em 1984 nos dá algumas boas direções neste sentido.

No livro, sua visão sombria era de um Estado controlador central absoluto, repressor, cruel e com tolerância zero para aqueles que não obedeciam suas regras. Um Estado que sempre (seguindo a cartilha dos regimes perversamente dominadores) controlava, ou melhor, reescrevia a quantidade e os conteúdos das informações que atingiam o grande público, manipulando o teor real dos acontecimentos em troca da manutenção do controle e, em consequência, do poder, pelo maior tempo possível. Para tanto, a imprensa era mantida sob censura completa ou atuava sob prévias e severas aprovações.

A dinâmica da internet vem desequilibrar toda essa equação de poder. Por um lado, ela permite que os governos obtenham (em teoria) as informações de cada um dos cidadãos conectados ao mundo virtual através de políticas que serão anunciadas por meio de maquiagens publicitárias, disfarçando ao cidadão leigo seus reais objetivos sob uma roupagem tosca e/ou populista na direção de prover mais autonomia ou algum tipo de benefício ilusório de fácil digestão popular. Já os governos assumidamente totalitários, não têm essa necessidade de criar mentiras públicas de absorção simplista pela publicidade oficial do sistema. Para eles, basta instalar artefatos nas redes de comunicação de dados e softwares conhecidos como "zumbis" ou "vigilantes" nos dispositivos de acesso à internet dos usuários/cidadãos (computadores, tablets, smartphones etc.), tendo, portanto, acesso a todo e qualquer tipo de diálogo online (oral e/ou escrito) que estes venham a ter no mundo digital.

Como eu já havia esboçado em 2006, será muito tentador para governantes pretensamente democráticos, que, geralmente, nos mais diversos países e regimes, têm em comum a obstinação de se perpetuarem eternamente no poder, usar ou tentar encontrar uma forma aceitável publicamente de criar redes que possam controlar ou redirecionar para suas equipes de inteligência os dados trafegados para chegar até a mente dos "seus" cidadãos.

2.2 GRUPOS-TAREFA FOCADOS EM MISSÕES PONTUAIS

Todos nós soubemos como a equipe do presidente Barack Obama usou intensamente na campanha de sua reeleição os recursos disponíveis de big data para fazer telefonemas diretos a certos eleitores do partido adversário em uma determinada cidade e em horário conveniente, utilizando uma linguagem adequada aos interlocutores e de mais detalhes que gerassem sua aceitação e empatia. As ferramentas analíticas de mineração das massas de dados, de que tratamos no capítulo anterior, sinalizavam aos da sua equipe de especialistas esses dados em um nível extremamente detalhado e meticuloso.

Pode-se considerar aquela grande reeleição como a primeira a ser vencida através dos princípios das antigas técnicas do convencimento tipo boca a boca, porém de forma não aleatória, física e desorganizada, mas sim focada e segmentada, disparando em tempo real mapas sobre os dissidentes em potencial (do mesmo partido), os eleitores em dúvida e aqueles assumidamente contrários. Esses mapas foram divididos em grupos-tarefa para "missões de convencimento" aos times regionais e, por fim, nos condados e pequenos municípios, indo atrás dos, digamos, "não alinhados" para lhes convencer da decisão do voto.

Da mesma forma que as grandes redes de varejo dos Estados Unidos (físicas e virtuais), como eBay, Amazon, Walmart, Target e HomeDepot têm hoje sistemas de big data em níveis sofisticados para surpreender os usuários (consumidores em potencial) sobre novas decisões de compras ou para lhes direcionar um telefonema na véspera de uma data relevante com o anúncio de um item de potencial interesse, calculado a partir dos hábitos físicos e digitais desse usuário e/ou família em particular, os governos poderão ter, muito em breve, todos os mapas dos eleitores do regime ou partido dominante, assim como dos opositores, dissidentes, neutros, confusos, propensos a ativismo ou a atos públicos. Enfim, poderão segmentar sua população da forma mais granular que lhe for conveniente com base no capital disponível para montar as infraestruturas tecnológicas necessárias e as bases de dados com performance para operá-las.

Porém, do outro lado dessa equação não estarão mais os semiescravos de 1984, servientes, temerosos, desorganizados e, portanto, reféns passivos do sistema ou regime no poder. A matriz democrática da modelagem da internet atual – *sobre a qual países de regimes autoritários como a Rússia e a China tentam forte e continuamente estabelecer mecanismos de controle pela UIT (União Internacional de Telecomunicações), uma agência da ONU* – funciona muito bem, como afirmou o sr. VintCerf, cientista da computação responsável por alguns dos principais protocolos da web. Disse ele à rede de televisão americana CNN: "Um sistema de regulamentação controlado por Estados não só é desnecessário como aumenta os custos e interfere com o crescimento rápido e orgânico que vemos na internet desde os anos 1990."

Nessa mesma direção, numa conferência em Dubai, em dezembro de 2012, representantes de 193 governos, incluindo o Brasil, estiveram reunidos para discutir "normas que padronizem e regulamentem as telecomunicações", em meio a temores de que os resultados venham a afetar a liberdade de expressão intrínseca da internet. Governos diversos usando os modelos gerenciais do mundo físico para tentar controlar algo que eles não conhecem e não entendem: a internet matricial atual! O que poderia acontecer quando alguém tenta fazer isso? Nenhum resultado concreto foi alcançado, e tudo segue para a próxima reunião mundial... Nos bastidores e na mídia, entretanto, circulam muitas tolices e propostas sem qualquer contexto técnico viável. Os fatores de percepção e tomada de decisões ativos e válidos nas estruturas entre governos do mundo físico entram em choque com o ambiente digital, por definição anárquico, como atestou o sr. Cert à CNN.

Em 19 de dezembro de 2013, a ONU aprovou em votação unânime uma resolução relevante, porém de caráter simbólico (sem poder de lei ou punições legais), liderada por Brasil e Alemanha sobre o controle da privacidade na internet, que, embora não venha a se transformar em lei ou regulamentação, passará a estabelecer um parâmetro ético e comportamental a respeito do que se considera aceitável em termos de vigilância e monitoramento na evolução da web para o ambiente 3.0. Assistimos, portanto, aos diversos governos e seus líderes do momento tentando fazer aquilo que aprenderam como regra ou condição de perpetuação no poder: definir um conjunto de regras, políticas e controles. Para quê? Mais poder e controle, se possível (felizmente não será), eternos. Nesse jogo cruel pelo domínio e preservação das informações (aquela vital nova matéria-prima da Web 3.0 que falamos anteriormente) estão os milhões de cidadãos que gradativamente também têm acesso e aprendem a usar, e muito bem, as novas ferramentas tecnológicas e, portanto, começam a se organizar e a expressar mais livremente suas opiniões com autonomia e velocidade assustadoras para os governantes. Seria praticamente impossível para um habitante do mundo sombrio de 1984 fazer sua opinião a respeito de um determinado tema chegar ao grande público (considerando que a variável da imprensa estaria sempre controlada pelos mecanismos de repressão ou opressão). A internet permite esta fortíssima ruptura do modelo de controle e geração da informação, possibilitando a um cidadão/usuário de um pequeno vilarejo em qualquer parte do planeta postar um conteúdo qualquer que em segundos alcançará a rede/matriz pública mundial.

Assistimos e aprendemos o poder de organização dessa nova forma de expressão popular com a primeira recente grande rebelião no Egito, conhecida como "Dias de Fúria", "Revolução de Lótus" ou "Revolução do Nilo", na qual as primeiras grandes manifestações populares ocorreram entre 25 de janeiro e 11 de fevereiro de 2011 levando à eventual queda do regime de Hosni Mubarak, que estava no poder havia 30 anos. Um executivo do

Google no país, Wael Ghonin, ficou preso por 12 dias por ter sido um dos organizadores desses encontros e por levar essas informações ao mundo ocidental, passando rapidamente (novas variáveis do mundo digital) de um total desconhecido a um líder político em potencial.

As grandes redes de TV começaram a postar vídeos feitos pelos usuários a partir de seus smartphones, recriando a dinâmica de poder sobre a produção da comunicação para milhões de repórteres virtuais que se tornaram comuns pela agilidade e presença no local certo na hora certa com a informação mais atual e real dos acontecimentos. Governos totalitários acostumados a exercer sua autoridade pela contenção completa ou reformatação das informações não convenientes entram em estado de pânico quando perdem o controle sobre fatos reais que chegam ao grande público. Em resposta a isso, marcam reuniões urgentes para criar, definir, regular e por fim, tentar controlar tais questões usando os modelos que aprenderam do mundo físico. Atividades, estruturadas dos novos exércitos virtuais de *hackers* passam a atuar em missões específicas que vêm a público por diversas fontes, não sendo mais possível camuflar ou ignorar a presença ativa e constante dessas forças bélicas digitais. Dois breves exemplos demonstram essa posição de ataque:

Em 19 de dezembro de 2013, a *Fox News* revelou o ataque de hackers chineses contra o site da FEC (Federal Election Commision) em 1º de outubro de 2013 durante o período em que o governo americano esteve paralisado pelas questões de votação do orçamento.[18] A inserção de conteúdos tinha como objetivo denegrir o modelo americano de democracia e valores, não em busca de ativos financeiros, mas visando a uma "sabotagem" por inserção de propaganda contrária ao regime.

Já em 10 de dezembro de 2013, a agência Reuters publicou evidências de outro ataque intencional do exército de hackers chineses, desta vez contra a reunião do G-20 em setembro, período em que o tema do eventual ataque militar dos Estados Unidos e aliados contra o regime da Síria parecia estar iminente. Um software malicioso (*malware*) foi infiltrado com sucesso nas redes dos governos que compartilhavam infomações e se preparavam para a reunião durante o mês de agosto, de forma que as posições

---

[18] http://www.foxnews.com/politics/2013/12/19/chinese-hackers-reportedly-crashed-federal-election-commission-website/

dos países votantes chegassem rapidamente ao conhecimento dos chineses. Especula-se a possibilidade ativa de atuação deste *malware* numa eventual votação em favor do ataque militar, o que não é possível comprovar, em função da mudança, por questões diplomáticas pela inspeção da ONU sobre o uso ou não de armas químicas no fatídico 19 de agosto de 2013, que por fim, veio a se confirmar.

Por um lado, a Web 3.0 expandiu o poder de escolha, expressão e autonomia dos usuários (cidadãos e consumidores) no que diz respeito às suas capacidades de geração e publicação de conteúdos (texto, som, música, vídeo, artes) nas mais diversas plataformas digitais. Por outro lado, porém, temos de admitir que, ao fazê-lo (ao contrário do que acontece no mundo físico), deixará uma marca eterna sobre essas opiniões. Como já penso que você assimilou, pelo capítulo anterior, *praticamente tudo, ao se tornar digital, mantém-se eterno*, com mínimas possibilidades de efetiva exclusão, já que os dados estão em servidores na *nuvem (cloud)*, em alguma parte do planeta, depositados ali num certo servidor (dentro de um armazém em meio a milhares de outros servidores, embora você não tenha a menor ideia de onde exatamente fica esse lugar) que simplesmente não aceita ou tolera seu comando de exclusão. Talvez o dado/informação/foto não esteja mais disponível para sua visualização, porém nos servidores é praticamente impossível que ele tenha sido *de fato* eliminado. Se no mundo físico nos eram permitidas algumas tolerâncias - como, por exemplo, aquele comentário infeliz feito *oralmente* contra um colega de trabalho ou governante durante uma reunião de amigos num restaurante, que se perdia na memória dos presentes, ou, no popular da língua portuguesa, "sumia com o vento", - no mundo virtual/digital qualquer dado inserido na grande matriz jamais será esquecido ou potencialmente deletado. Isto também, infelizmente, é valido para os atos imaturos da adolescência que todos tivemos, mas que se perderam por não haver registros. Hoje, com a precocidade do início da vida digital, todos esses registros estarão sempre lá até sua velhice e serão usados, não há qualquer dúvida sobre isso.

Enfatizando a importância dessa questão, dois colaboradores do Facebook, Sauvik Das, doutorando da Universidade Carnegie Mellon, e Adam Kramer, cientista de análise de dados, publicaram online um estudo técnico muito interessante sobre as estatísticas e análises dos posts não enviados pelos usuários, usando uma massa de dados de cinco milhões de usuários de língua inglesa do Facebook. A partir do acesso e movimentos de teclagem, esses "posts", ainda que não enviados de fato por diversos motivos, são armazenados nos servidores dessa plataforma digital. Para descrever essa ação, foi criado o curioso título de "comportamento de autocensura do usuário". Como essa plataforma é uma empresa de capital aberto em bolsa e extremamente rentável, reais clientes (anunciantes pagantes que lhe prove de receitas legítimas crescentes) certamente estão ávidos para melhor entender tais comportamentos que poderiam ser revertidos visando a torná-los ativos e, portanto, comercialmente classificáveis em algumas das múltiplas categorias e tabelas.

É provável que você se lembre das dezenas ou talvez centenas de vezes que iniciou um texto referente a algum conteúdo que lhe chamou a atenção, mas que – por algum motivo de *autocensura* – decidiu não concluir e, portanto, não enviar. Mesmo esta ação – não efetivada – estará lá, associada ao seu perfil para sempre, e entendo que é correto procurar entender e prover mais informações aos usuários para concluírem seus pensamentos e intenções. Da mesma forma, talvez você se lembre do seu banco exigindo a instalação de algum tipo de aplicativo para efetuar transações financeiras. Esta plataforma envia pequenos grupos de códigos de software ao seu browser (*cookies*) durante a conexão ativa, e esse código em particular analisa o que você está teclando nas áreas de comentários de texto e envia de volta à plataforma os metadados associados à comunicação (como vimos no caso da foto do Sr. John McAfee publicada na Revista Online VICE cujos os metadados revelaram sua localização física e onde ele foi preso. Veja tabela no capítulo anterior).

Usando algoritmos similares, governos totalitários poderão ter interesse em também mapear tais "intenções não reveladas e/ou enviadas" visando entender melhor esses comportamentos reservados ou mesmo hipoteticamente secretos dos seus cidadãos. São públicas as várias ocorrências de atividades de vigilância explícita (através de autorização por mandatos judiciais) em que o FBI, nos Estados Unidos, pôde – pelo tempo de validade do mandato – ativar o monitoramento de todas as atividades digitais de determinado suspeito, assim como ativar sua *webcam* quando o suspeito em questão se encontrava online, e registrar visualmente seu ambiente físico. Quando estamos trabalhando num email, usando o Gmail, por exemplo, a plataforma Google preserva o conteúdo do nosso texto como *draft*, ou rascunho, automaticamente – mesmo antes do seu envio –, partindo da premissa de que talvez ele não seja enviado naquele momento ou que a conexão poderá ser interrompida por algum motivo, e não gostaríamos de começar tudo de novo. Da mesma forma, os metadados dessa seção de conteúdos estarão lá para sempre nas bases de dados, mesmo que por fim você decida não enviar o email ou deletar o *draft* já feito. Caso haja uma investigação autorizada a esse dispositivo, as técnicas forenses atuais facilmente irão encontrar estes *drafts* e os trarão de volta tão presentes e reais quanto aqueles que foram efetivamente enviados e/ou recebidos.

Voltando à campanha da reeleição do presidente Obama, nos grandes depósitos de dados que os algoritmos de *big data* são capazes de minerar informações para montar o perfil de um eleitor em potencial, estará lá descrita de alguma forma uma frase ou mesmo uma única palavra característica ou significativa postada num determinado dia, horário, local e plataforma. Essa frase e/ou palavra estará com você para sempre!

Percebe-se como as citações a George Orwell em 1984 tornam-se tão relevantes e atuais? Seu personagem principal criou cuidadosamente dentro do seu apartamento padrão de estado único um pequeno e milimétrico espaço físico "não monitorado" onde ele finalmente podia experimentar a sensação de ser livre, não necessariamente para conspirar ou começar uma revolução, mas para apenas pensar, respirar e viver alguns minutos por dia como um cidadão efetivamente livre. Você pode questionar meu argumento apontando o fato de que você está totalmente "livre" neste exato momento para publicar o que quiser nas redes sociais ou portais digitais (dependendo, naturalmente, do país em que viver). Seus amigos e membros das suas comunidades igualmente podem concordar ou discordar dos seus posts, e isso deveria ser visto como muito democrático, certo? Eventualmente é até possível que algum outro usuário lhe denuncie por spam ou por postar conteúdo indevido na plataforma num modelo de *autorregulamentação* intrínseco da internet. É verdade; e esse poder será mais presente na Web 3.0. Porém, tenho a missão de lhe recomendar que reflita bem antes de inserir um conteúdo (uma frase, palavra ou mesmo um simples "curtir" que seja) na matriz da internet. Talvez você viva num país ainda sob um regime totalitário cujo governo decidiu tecnicamente (de maneira perfeitamente viável) usar as redes de dados e comunicações para lhe vigiar 100% do tempo, instalando, sem que você perceba, algum tipo de software *malware* no(s) seu(s) dispositivo(s) digital(is), como tablet, smartphone, desktop ou notebook. E então, em algum lugar físico, haverá um agente ou mesmo uma força-tarefa para lhe acompanhar o tempo todo, 24 horas por dia, porque por algum motivo você entrou numa determinada lista de usuários de cidadãos não alinhados com o regime por algo que você mesmo disse, rascunhou ou veio a introduzir na matriz. Você tem a princípio a percepção de pensar e se comportar como alguém totalmente livre, mas, na verdade tudo o que faz no mundo virtual está sendo monitorado o tempo todo. Já, cogitou essa hipótese? Não é fantasia ou ficção científica, mas algo muito real e provável.

2.3 NOVOS PARADIGMAS ULTRAPASSAM FRONTEIRAS

Quando Osama Bin Laden foi encontrado pelo esquadrão de elite especial Navy Seal da Marinha Americana em 1º de maio de 2011, em sua casa em Abbottabad, no Paquistão (pela técnica que expliquei em *Risco digital* de "1-para-n" e "n-para-1"[19] usada por uma agente especial da CIA), foram apreendidos muitos CDs e material pornográfico nos seus computadores, que ele pensava estarem isentos de vigilância por se comunicar através de um mensageiro confiável (este "1" que sempre se encontra e quebra na cadeia de confiança, seja por tortura ou corrupção) e pen-drivers. Foi quebrado então um importante paradigma contra os terroristas: não há mais como se esconder por muito tempo. O fato de não usar os meios digitais não isenta o usuário (no caso, o terrorista) de uma vigilância e observação. Não haverá mais tantas cavernas escondidas nas montanhas com labirintos de túneis para camuflar suas operações. Em alguma parte do planeta, em algum momento, haverá um toque (*touch*) na matriz da internet ("n-para-1"), e então será tecnicamente possível iniciar uma perseguição ou investigação chegando ao local físico. Pelo fato de não usar a internet pelos anos de refúgio a que se submeteu, Osama estabeleceu a equivocada percepção de não poder ser encontrado e por isso assistiu ou inseriu nesse período conteúdos diversos nos seus computadores (p. ex., pornografia), pensando não ser possível sua recriação pelas técnicas forenses de todo seu acervo

---

[19] Este conceito investigativo parte do princípio que sempre haverá um elo de comunicação entre o(s) suspeito(s) e o mundo exterior. Seja por simples erro, necessidades básicas de mantimentos, ganância ou atos exibicionistas, em algum momento este "1" irá criar a condição de toque na matriz. A partir deste instante, todos os "n" terão acesso a essa pista valiosa, que poderá conduzir as equipes a identificar sua localização física ou a origem do contato para prosseguir com o caso.

de discos rígidos e DVDs. Associado a esse evento, que naturalmente teve extensa repercussão mundial, a primeira informação online que tocou a matriz partiu de tweets (foram cinco em sequência) enviados por um morador local, Sohaib Athar, a partir da sua conta pessoal no Twitter, até então completamente desconhecida do mundo ocidental, de que havia helicópteros militares sobrevoando sua cidade num acontecimento evidentemente incomum, raro e atípico. Seu primeiro *tweet*, que logo chegou à grande mídia, foi postado às 0h 58 daquele 1º de maio de 2011.

À medida que esses conhecimentos tornam-se mais conhecidos pelo domínio público, surgem também movimentos sob o propósito de "proteger a liberdade de expressão de toda a população" que grupos como o WikiLeaks pregam para justificar suas ações de vazar ao grande público informações sigilosas de governos e empresas. O que poderá então impedir o surgimento de outros grupos similares estruturados sob slogans diversos e talvez contestáveis (repressores, sociais, temáticos, e etc.) de vigiarem um determinado usuário ou grupo em toda sua vida digital? Será tecnicamente simples para governos totalitários ou supostamente democráticos criar equipes de vigilância digital que, através de centrais de inteligência, terão à sua disposição diariamente todas as postagens dos usuários/cidadãos não alinhados com o regime atual no poder. Partindo do princípio de que eles têm controle total sobre a rede, os acessos à mesma – por meio dos softwares *malwares* pré-instalados ou zumbis – podem levar ao ponto extremo de estimular práticas como tortura, intimidação digital ou mesmo restringir por determinado período este usuário de acessar a rede, limitar sua velocidade em certos horários de seu interesse ou simplesmente – em situações extremas – eliminá-lo por completo do mundo digital. Dessa forma, preocupa-me muito como cidadão e especialista ler algumas notícias recorrentes sobre essas tentativas frequentes de controle feitas por governantes despreparados, mal assessorados ou puramente ignorantes sobre os mecanismos e a dinâmica de funcionamento da matriz anárquica da internet.

2.4 INVERTENDO A CORRENTE NEGATIVA PARA O BEM GERAL

Em contrapartida, os governos efetivamente democráticos e que entenderem o poder fantástico que a disseminação do conhecimento permitirá através da internet poderão contribuir com o ingresso de milhões de cidadãos para uma melhor e mais organizada educação, que é um instrumento primordial de cidadania do mundo virtual na Web 3.0. Prover a população em geral de uma educação de qualidade internacional sempre foi visto por regimes totalitários como algo perigoso e temerário. Ao restringir a educação, limita-se o conhecimento e torna-se mais simples, pelas restrições e controles, o exercício do governo, ou melhor, do poder.

Na direção inversa, a internet permitirá prover educação ampla e profunda sem custos impeditivos, e será uma revolução para milhões de cidadãos poderem de fato competir num mercado baseado no valor do conhecimento e do capital intelectual e não nas influências e amizades de um pequeno círculo próximo aos dominantes estabelecidos. Prefiro alinhar minha mente para a positividade desse segundo modelo, democrático, aberto e livre, estruturado na melhor disponibilização de informação e conhecimentos pelos governos por meio da criação e manutenção subsidiada de redes de alta performance para a população sem controles ou vigilâncias desnecessárias. Talvez Cingapura seja uma referência mundial neste momento com amplo e irrestrito acesso de alta velocidade a toda população. A revista *Exame* de 11 de dezembro de 2013 publicou um excelente material sobre gestão pública, sob o título "O futuro, está nos dados para quem quiser governar bem".[20] Entre as informações mais relevantes ao tema deste capítulo, destacam-se:

- Cingapura é o governo que gasta mais eficientemente recursos de tecnologia no setor público.
- O Chile (10ª posição) é o país latino-americano com melhor pontuação na aplicação de recursos (investimentos) em tecnologia no mundo, enquanto o Brasil ocupa a 135ª posição.
- Em relação a políticas de governo voltadas para o setor eletrônico para melhorar os serviços públicos, a Coreia do Sul está na 1ª posição, seguida pela Holanda e o Reino Unido, ficando o Chile na 39ª e o Brasil na 59ª posição.

Incríveis e fantásticas possibilidades de conhecimento poderão ser feitas por esse modelo aberto e livre, não apenas no terreno da educação e pesquisa, mas nos mais diversos segmentos, sempre mantendo os princípios básicos da liberdade de expressão e autogestão da infraestrutura.

---

[20] http://exame.abril.com.br/revista-exame/edicoes/1055/noticias/o-futuro-esta-nos-dados

Seguindo esse caminho positivo, o Departamento de Segurança Interna dos Estados Unidos anunciou, em 22 de dezembro de 2013, que irá expandir significativamente o número de trabalhadores no governo especializados em segurança digital para cumprir a demanda crescente por missões com foco nessa área. Em dezembro de 2013, cerca de 20% das posições ainda estavam em aberto por falta de recrutamento de pessoal qualificado. A exemplo do Brasil, o Exército Americano está construindo um novo centro de defesa cibernética com um efetivo inicial de 1.500 cargos, enquanto a Administração Federal de Aviação dos Estados Unidos (FAA) planeja um centro similar, chegando a um efetivo de mil cieranalistas treinados em 2017.

2.5 CENTROS DE COMANDO E CONTROLE

Independentemente do regime político adotado, sempre haverá a necessidade de estabelecer uma ordem razoável para a gestão dos temas de segurança relativos à comunidade, seja ela municipal, estadual ou mais ampla em termos do país (federação) como um todo. Quando, no final de 1995, foquei minha carreira em tecnologia para a disciplina de segurança digital, tive a excelente oportunidade de estar no exterior por um período suficiente para visitar algumas das mais recentes e inovadoras empresas desta nova internet comercial e dialogar com alguns visionários CEOs/CTOs, já que haviam muitos caminhos possíveis naquele momento.

Lembro muito bem de marcar minha reunião com uma empresa israelense em Redwood City, quase ao lado da matriz da Oracle, no Vale do Silício, da qual eu havia me desligado poucas semanas antes para aceitar um novo desafio profissional. Naquele momento (início de 1995), a Oracle já tinha um *campus* muito moderno e sofisticados edifícios, e essa nova empresa de segurança era uma das minhas primeiras visitas no segmento. Ao chegar ao local, tive certa dificuldade de encontrar o escritório, já que eles estavam sublocando um pequeno prédio, e todo o efetivo (mundial) não passava de 20 pessoas, sendo que ali estavam apenas alguns poucos funcionários numa pequena área ainda compartilhada com outras empresas. Como eu vinha do mercado de banco de dados e aplicativos de gestão tipo ERP (Enterprise Resource Planning – sistema integrado de gestão empresarial) já maduros e estabelecidos, foi natural ter uma primeira impressão negativa. Era literalmente como entrar num território estranho e incerto mesmo, com todo o entusiasmo ao redor dos browsers – na época, o Navigator da Netscape –, por que eu deveria investir meu tempo e potencialmente e redirecionar minha carreira para algo assim tão aparentemente incerto e imaturo? Seguiu-se uma teleconferência com a matriz em Israel, na qual recebi do próprio CEO uma visão totalmente nova sobre o crescimento da internet comercial e seus futuros impactos econômicos na sociedade como um todo. Chegamos ao conceito estrutural do primeiro elemento tecnológico criado visando proteger as redes internas da rede pública (a internet), algo que essa empresa e depois todo o mercado viriam a chamar de *firewall*, numa alusão à tradicional "porta corta-fogo" dos edifícios (o termo é usado até hoje).

Toda nossa história em segurança digital e minha carreira a partir desse momento passam a basear-se nas funções desse componente tecnológico desenhado para controlar, classificar e permitir ou não acesso de pacotes de dados IP transitando da internet pública (solicitando acesso) para uma rede interna (usava-se então o termo intranet). Fiz várias palestras e apresentações sobre esse conceito, e passamos a associar segurança com *firewall* porque ele era nosso único dispositivo tecnológico disponível existente para estabelecer algum controle e proteção do fluxo de dados e tráfego entre o público e privado. Estamos aqui nos primórdios daquela Web 1.0 tratada no capítulo inicial. Como todo software de segurança, haviam os "alertas" para as situações não previstas, ou, neste caso específico, usuários tentando acesso não autorizado. Passamos a nos concentrar nas políticas de criação de regras de acesso e autorização dos usuários (administrativamente) e nos alertas (reativamente) como uma exceção a ser observada para tratamento especial.

Com o crescimento gradativo do número de usuários e empresas na internet pública surgiram outros dispositivos de segurança digital, como o IDS/IPS (Intrusion Detection System/Intrusion Prevention System), e depois os vários "antis" (vírus, *malwares*, *spams*, *phising*, *content* etc.). Essas mudanças na situação de defesas digitais ocorreram em relativamente pouco tempo. Rapidamente surgiram vários novos dispositivos (armas de defesa) e todos eles seguiam o mesmo princípio do inicial (*firewall*), ou seja, a geração de alertas para as situações de pacotes IP fora das regras para aquele dispositivo particular. Surgiram as primeiras instalações específicas de centrais de segurança digital, que chamamos de SOC (Security Operation Center), e tive a grande satisfação profissional de participar da modelagem da maior já vista na América Latina até então (no início do ano 2000) para uma grande operadora de telecomunicações com sede na cidade do Rio de Janeiro. Nesse momento já enfrentávamos um excesso de alertas para os operadores tratarem sendo que não havia uma plataforma de normatização e/ou correlacionamento entre os múltiplos alertas gerados pelos vários dispositivos. Surgia então no mercado uma nova tecnologia que se tornou conhecida como SIEM (Security Information and Event Management), ou seja, uma nova camada de software (ou como alguns preferem, barramento) com a inteligência nos algoritmos para correlacionar os múltiplos alertas desses vários dispositivos (que passamos a chamar de "sensores"), agregá-los, filtrá-los e por fim gerar apenas alguns poucos "eventos" relevantes a serem tratados. Os operadores agradeceram por essa novidade porque passaram a descartar os inúmeros alertas dos sensores individuais (ou subsistemas) para se concentrar apenas nos alertas ou eventos vindos dos sistemas SIEM (por definição mais confiáveis e em menor número).

Esse foi um passo importante da indústria de segurança no que diz respeito à constante busca por se aproximar dos níveis de gestão, pois em definição apenas esses alertas deveriam ser tratados e não possuíam um cunho estritamente técnico, que os gestores não entendiam o significado, mas algo mais tangível em termos de ameaças aos negócios e operação das redes corporativas e/ou governamentais. Após essa experiência, pude participar de muitos novos projetos de SOCs e desenvolvi várias apresentações sobre seus benefícios para os negócios desse tipo de ambiente.

Embora eu me esforçasse em conjunto com os entusiastas dos projetos das áreas técnicas, sentia sempre forte ceticismo nos gestores para aprovação dos orçamentos necessários. Posso afirmar por experiência própria que era um processo árduo e penoso conseguir atrair atenção e verbas, em especial para as necessidades de montagem e operação desses ambientes. Os questionamentos quase sempre giravam em torno do retorno de investimentos e dos custos diretos investidos: como provar ser realmente necessário? Foram precisos alguns anos – como comento na abertura desta obra – para que essas aborrecidas, longas e desnecessárias discussões terminassem destruídas pelas evidências diárias das vulnerabilidades da internet e da mandatória necessidade de investimentos compatíveis em segurança digital.

Em paralelo às dinâmicas deste mundo da segurança, ou como podemos também chamar de lógica, tive a grande satisfação de receber um convite, em agosto de 2008, para iniciar minha atuação no mundo da segurança física através de sistemas de vídeo monitoramento por algoritmos de inteligência artificial usando processamento gráfico em computadores. Novamente eu estava à frente de uma pequena empresa, porém com grandes ideais e visão do crescimento exponencial deste mercado. Apesar de desfrutar de uma posição sólida no mundo da segurança digital/lógica, aceitei o convite e passei a mergulhar nas variáveis desse universo novo para mim. Era uma típica situação de sair da minha "zona de conforto", porém sempre gostei desses desafios e hoje, olhando para trás, agradeço muito pelas oportunidades que me tornaram um profissional mais completo, mas sempre busquei diariamente estar atualizado com as novas variáveis deste mercado. Se você me pedir um conselho, digo que reflita e aceite os desafios, porque não podemos ter medo do novo. Não podemos ter pânico, que é algo negativo, mas controlar o medo do novo é natural e positivo, pois faz com que nos tornemos melhores do que éramos no momento anterior, dentro da zona de conforto estabelecida.

Neste mundo da segurança física encontrei as barreiras iniciais da falta de relacionamentos no setor e de uma dinâmica de mercado muito menos sofisticada intelectualmente do que aquela que, naquele momento, já existia na segurança lógica, porém os problemas reais eram muito similares. O que havia: câmeras de vigilância (analógicas, migrando para digitais), sistemas de controle de acesso, controles de ar-condicionado e fogo/incêndio, sistemas diversos de temperatura e pressão de equipamentos, controle dos edifícios etc. Você já entendeu: outros subsistemas com sensores e mais sensores. Mas para onde ia toda essa informação? Assim como em 1995-96, fiz várias palestras para explicar o que era um *firewall* e depois um IDS/IPS, então logo percebi que deveria também executar apresentações conceituais nesta nova dimensão para poder evoluir.

Os atentados de 11 de setembro de 2001 criaram todo o senso de gravidade por vigilância (lógica e física), e as câmeras passaram a representar simbolicamente esse elemento tangível de maior poder de observação na percepção da população e dos governantes. Porém, como muitas das câmeras ainda eram analógicas (hoje podemos dizer que está entre 60% e 40% o equilíbrio entre digitais e analógicas, respectivamente, com tendência de migração contínua para as digitais), as três perguntas óbvias que eu fazia eram:

1) Para onde vão todas essas imagens?
2) Quem está olhando para elas?
3) Qual resultado, ação ou procedimento foi feito?

Pode parecer um pouco absurdo, mas as respostas a essas três simples perguntas eram muito confusas. Como aprendi com um excelente mentor/chefe, presidente de um banco: "Quando alguém demora demais para lhe responder algo ou quando dá muitas voltas na resposta é porque não sabe de fato a resposta." Eu fazia essas três perguntas e ficava ouvindo longas explicações que não me diziam nada, e sabia então que havia um sério problema ali, mas que, por sua vez, isso poderia ser uma grande oportunidade profissional! Dentro da minha natural inquietude por respostas e conhecimento, posicionei minha mente para encontrar as soluções a essas perguntas por vezes desconfortáveis na forma de mais um contrato com uma tecnologia completamente nova para mim, mas muito familiar conceitualmente, chamada PSIM (Physical Security Information Management). Uma equipe de brilhantes engenheiros em Washington, D.C. e Boston que, assim como eu, haviam enfrentado o problema lógico e chegado aos sistemas SIEM, evoluiu esse mesmo conceito para os sensores do mundo da segurança física: câmeras de vídeo, gravadores DVR/NVR, controles de acesso, sensores de presença, entre outros. Que incrível, haviam respostas para o problema na forma de algoritmos estruturados para ajudar os operadores das salas de comando e controle!

A figura a seguir demonstra as múltiplas aplicações da tecnologia PSIM (Physical Security Information Management) nos mais variados tipos de projetos envolvendo aplicações de missão crítica, diversas agências e/ou departamentos interagindo para a solução de uma situação de crise e automatização dos procedimentos de resposta:

Crescentes Necessidades de Segurança

Como vimos no capítulo anterior, mais e mais subsistemas estão migrando para o mundo IP, o que significa que, apesar das suas disparidades de utilização e objetivos específicos, todos possuem o mesmo protocolo convergente da internet (IP) e, portanto, são passíveis de serem gerenciados por sistemas PSIM.

Aplicações mais comuns dos sistemas PSIM:
1. Gestão de infraestruturas críticas (país/estado/cidade).
2. Defesa nacional/territorial/fronteiras.
3. Companhias de energia, óleo e, gás e petróleo.
4. Shoppings centers e centros de compras.
5. Segurança empresarial e corporativa.
6. Sistemas de transporte (estradas, aeroportos, portos, ferrovias, metrôs).
7. Policias civil e militar – segurança pública.
8. *Campus* educacionais, hospitais e universitários.

A seguir, apresento os sistemas mais comuns e factíveis, na atualidade, a essa migração no universo da segurança física, nas salas de comando e controle:
   a. Subsistemas para controle dos acessos.
   b. CFTV (Centro integrado de videomonitoramento).
   c. Subsistemas de análise de vídeo por regras e padrões e/ou análise comportamental.
   d. Detecção de fogo e/ou incêndio.
   e. Detecção de invasão dos perímetros.
   f. Detecção de proximidade a objetos de valor, salas-cofre e/ou objetos de arte.
   g. Detecção de radares.
   h. Geoprocessamento e mapas.
   i. Sistemas de comunicação via radiofrequência.
   j. Detecçao de disparos de armas de fogo.
   k. Barreiras físicas de realocação de rotas de trânsito em eventos especiais.
   l. Controle de iluminação predial.
   m. Sistemas de ar-condicionado e operação de elevadores em edifícios inteligentes.
   n. Sistemas de monitoramento de energia.

A figura a seguir ilustra alguns destes subsistemas.

Houve momentos em que assisti gestores mostrarem essas salas para a imprensa e convidados, dando destaque especial para o tamanho do telão (um *videowall*), e penso sempre como é difícil nos comunicarmos! Entendo e respeito seus motivadores e o orgulho de mostrar ou focar mais nas instalações físicas e nos aspectos tangíveis do ambiente, porque isso lhes dá aquilo que chamo de "percepção de segurança". Para mim, porém, o aparato visível não me impressiona muito se não estiver estruturado em inteligência de processos e num barramento (*framework*) automatizado para o processo de tomada de decisões, que é a razão principal da existência desses ambientes. Na figura a seguir você tem a dimensão desses ambientes e da posição do operador e do *videowall*, usado para integrar, nas situações mais críticas, todo o efetivo necessário, bem como as diversas agências envolvidas, para a solução da situação (crítica) em curso. São ambientes em que uma imensa quantidade de eventos é direcionada, não havendo, portanto, mais a possibilidade de seleção e/ou identificação apenas manual ou humana, necessitando o uso de algoritmos automatizados para agilidade e efetividade do recebimento dos alertas classificados como críticos e sua correspondente solução via planos de situação parametrizados. Tais planos são pré-programados, porém continuamente adaptáveis às novas variáveis e técnicas usadas durante os eventos.

Dessa forma, uma plataforma robusta e sólida (porém ágil e adaptável) de softwares PSIM deve ter capacidade de processamento para receber continuamente inúmeros tipos de alertas simultâneos dos mais variados subsistemas (como exposto), instantaneamente correlacioná-los e efetivamente converter essa grande massa de dados em informação passível de entendimento e na tomada da melhor decisão para a situação que se apresenta.

A meta principal é encontrar/escolher, no menor tempo possível, o melhor e mais eficiente plano de resolução para a situação que se configura pelos alertas recebidos, ativar os recursos necessários e finalizar o problema da forma mais rápida e efetiva com mínimo ou nenhum prejuízo associados aos possíveis efeitos colaterais (interrupção do fluxo de trânsito e/ou rotas, por exemplo). Isso requer uma independência de marcas e/ou fornecedores de cada um dos múltiplos subsistemas e/ou sensores, o que chamamos de "solução agnóstica". É muito comum termos de integrar um sistema de PSIM com mais de um sistema de controle de vídeo, por exemplo, ou um controle de acesso diferente. Pode ser que as aquisições tenham sido feitas por unidades em momentos separados, ou sejam resultados de fusão e/ou compra de empresas, ou mesmo sejam aquisições feitas parcialmente pela mesma empresa e departamentos visando atender questões de preços ou aspectos comerciais diversos (disponibilidade ou solução de um problema pontual, por exemplo). Essas plataformas também permitem a agregação, via SDKs (interfaces), de pequenas camadas de software (conectores) com o objetivo de que produtos de fornecedores das mais diversas regiões do mundo e características de subsistemas possam estar integrados à mesma plataforma gerencial através de acesso seguro por meio de web browsers de mercado.

2.5.1 Delaware Valley Intelligence Center (DVIC)[21]

Minha visita a este centro foi muito interessante e construtiva para meus conhecimentos sobre a evolução desses ambientes, por vários aspectos que descrevo resumidamente a seguir.

Escopo
Disputas políticas regionais por questões orçamentárias em geral forçam a criação desses centros por uma determinada cidade ou município, chegando em alguns casos ao Estado. Após sete anos de trabalhos, esse centro regional foi aberto na cidade americana da Filadélfia, no estado da Pensilvânia, num acordo de colaboração entre o Departamento de Polícia da Filadélfia, a Amtrak (empresa estatal federal de transporte ferroviário de passageiros), a SEPTA (Autoridade de Transportes do Sudeste da Pensilvânia), o Homeland Security (Departamento de Segurança Interna dos Estados Unidos) e o FBI.

Missão
Embora tenha visitado vários Centros de Comando e Controle nos últimos dois anos, este se declara como "Centro de Combate ao Crime em Tempo Real" e, ou (Real Time Crime Center), o que pode parecer um tanto ousado e pretencioso pelas necessidades tecnológicas para sustentar essa *value proposition* (missão principal). O centro conta um efetivo de 150 operadores, entre policiais, agentes e equipes de inteligência monitorando um parque inicial de 2.000 câmeras (com previsão de crescimento para 5.000) e todas as ligações para o número 911, além de equipes de apoio nas ruas com viaturas com equipamentos móveis conectados ao centro e

---

[21] O site da Autoridade Portuária do rio Delaware (Delaware River PortAuthority) é: http://www.drpa.org/

equipados com tecnologia embarcada para interagir (enviar fotos do local, transmitir fax ou scan de objetos e documentos envolvidos com a cena do crime e demais evidências). Esse projeto nasceu há quatro anos pela necessidade de aumentar os níveis de segurança da região do rio Delaware, ao longo do qual existem várias instalações que podemos considerar como *infraestruturas críticas*, como usinas hidroelétricas, fábricas, aeroporto etc. Vários radares, câmeras com visão noturna, de infravermelho e sensores de presença de embarcações e/ou pequenos dispositivos foram instalados no rio Delaware, os quais enviam os primeiros alertas ao centro.

Modelo de colaboração

Além da proposta ousada de se autodenominar um centro em "tempo real" de combate ao crime, o que pressupõe, conforme me foi explicado, a instalação das mais modernas tecnologias de análise de imagens por meio de algoritmos de inteligência artificial e computação gráfica, o aspecto mais interessante do projeto são os acordos de colaboração e compartilhamento digital entre as várias agências envolvidas, tanto em termos de município/região, quanto em suas comunicações com os níveis federais do FBI e Departamento de Segurança Interna para serem ativadas segundo a criticidade das situações.

Não é apenas discurso político, mas modelagem de processos estruturados inseridos nos planos automatizados para a solução parametrizada das diversas situações do histórico de crimes da região. Você poderia associar esse modelo àqueles velhos, esquecidos e empoeirados "manuais de operação" que têm a função, pelo menos em teoria, de estabelecer todos os passos em detalhes que um determinado operador deve fazer para cada tipo de incidente que chegar à sua tela. Porém, na prática – e isso não é culpa dos operadores, mas da natureza humana –, esses manuais são bastante antigos e mal escritos na busca do extremo detalhe, de modo que durante uma situação crítica, eles são basicamente ignorados. O operador que está enfrentando aquela situação quer agir da maneira mais simples, rápida e com pequena, mínima ou nenhuma chance de erro possível.

Pense numa situação em que é acionado o alarme da central reportando um aquecimento acima dos níveis normais de uma válvula subterrânea de gás numa região central da cidade! Esse alerta chegou na tela do operador. *E agora? Qual situação exata e correta ativar? Como saber se é a melhor sequência?* Para tornar a vida dos operadores e seus gestores mais simples e prática, foram inventados os sistemas PSIM, que, de uma maneira prévia e parametrizada, criam estas árvores de decisão automatizadas para todos na central. Dessa forma, o operador "A" não poderá, mesmo que tente, ativar uma sequência diferente do operador "B", porque o próprio sistema PSIM irá impedir isso, forçando o operador a executar a sequência exata que foi inserida nos sistemas para essa situação particular de aquecimento de válvula de gás. Então é provável que o operador tenha de envolver uma divisão de perícia técnica, uma outra divisão de contenção de explosões de gás, outra de trânsito para isolar a região de uma explosão em potencial, acionar hospitais mais próximos para ocaso de a situação evoluir para esse estágio; enfim, várias agências precisam "entrar/participar" naquela situação de forma digital *naquele exato momento* e então cria-se um *grupo-tarefa* enquanto a situação ativada estiver em andamento. Essas outras agências ou entidades do governo local, estadual ou federal provavelmente não estarão fisicamente na central, então precisam usar a internet pública – através de um canal de comunicação seguro – para atuar juntas como se estivessem sentadas lado a lado, como colegas frequentes de jornadas diárias.

O valor agregado para os negócios e a beleza desses sistemas está na possibilidade viável de solução prévia ou preventiva (antes de um fato extremo, neste exemplo, uma explosão numa área urbana) de uma situação nos seus estágios iniciais por meio do bom e adequado uso da tecnologia em real benefício da comunidade. Na trama do filme *Minority Report – A Nova Lei*, assistimos a uma visão preventiva da segurança na qual três seres humanos com capacidades mediúnicas tinham seus cérebros conectados a um sistema de tomada de decisão que recebia "visões da cena do crime". Os algoritmos transformavam esses sinais elétricos em imagens gráficas, sendo possível identificar o local onde o próximo evento iria ocorrer. As equipes então deslocavam-se o mais rapidamente possível para chegar ao local *antes* da efetivação do crime ou delito em questão. Dessa ficção científica transposta para o cinema, podemos imaginar quantos milhares de adultos e crianças poderiam ser salvos antes que uma situação que começa a sair do controle (tornando-se anormal ou atípica) possa ser registrada e enviada à central (na forma de alarmes, em segundos), que, por sua vez, ativa as equipes de campo para "conter" esse evento, antes que evolua para os estágios seguintes, gerando mortes, roubos, sequestros, enfim, inúmeras consequências negativas, tragédias e catástrofes.

2.6 FUSION CENTERS

Já descrevi a evolução das câmeras analógicas para as digitais e a propagação dos centros de comando e controle para uso pelos governos civis, assim como a migração crescente dos diversos sensores e subsistemas da segurança física para o mesmo protocolo da internet (IP). Os ambientes evoluíram, com cada área ou divisão buscando a solução dos seus problemas específicos. Chegamos então a ambientes de gestão da segurança, como:

- A gestão das redes de comunicação chamada NOCs (Network Operation Centers – Centros de Operações da Rede).
- A gestão dos temas específicos de segurança, chamada SOC (Security Operation Center – Centros de Operações de Segurança).[22]
- A gestão dos temas específicos de segurança física nas centrais de videomonitoramento chamadas em geral de CFTV (Closed Circuit Television, ou Circuito Fechado de Televisão).

Surge então este novo termo, *Fusion Centers*, como um conceito viável inserido nas tendências evolutivas da Web 3.0 para a criação, ou melhor, convergência de todos os ambientes envolvidos com segurança para uma única área ou centro de comando e controle, embarcando tecnologias associativas e com capacidades de correlacionar os múltiplos eventos das duas dimensões principais da segurança: digital (ou *cyber*) e física.

O mundo IP da internet tem um poder aglutinador incrível. Ele cria uma força centrífuga muito forte na qual tudo que não é IP em algum momento migra para esse protocolo. Nós vimos aparelhos domésticos passando para IP, dispositivos nos carros e no próprio corpo humano, então não parece lógico e até óbvio que ambos os universos da segurança pública deveriam estar ligados num mesmo ambiente? Lembrando o evento do alerta provocado por um subsistema de controle de válvulas de gás, qual seria a diferença conceitual se esse alerta viesse de um sistema *cyber* de detecção de atividade anômala na rede de dados ou numa tentativa de acesso indevido a uma determinada aplicação? Os novos centros, os *Fusion*, serão

---

[22] Já é possível verificar em alguns ambientes que estas duas centrais estão no mesmo local físico (edifício ou andar), mas cada uma ainda segue operando com sistemas e processos separados. Você poderá talvez ter ouvido este outro termo: SNOC (Security Network Operation Center ou Centro de Operação Segura da Rede).

esses ambientes em que não mais importam as dimensões dos níveis de alertas. O que realmente faz diferença saber é que algo (um registro ou log) é gerado a partir de uma deformidade ou anomalia contra um padrão estabelecido (através de uma série histórica), seja ela de natureza física ou lógica. Os sistemas PSIM já estão desenhados conceitualmente para incorporar alertas do mundo de segurança digital (*cyber*) como mais um subsistema, tendo o domínio principal temas associados a esse universo e do qual chegarão novos alertas ao Fusion Center. Talvez tenhamos num primeiro momento operadores mais familiarizados com situações do mundo *cyber* e outras do mundo físico ou patrimonial (esse é um termo em fim de existência prática). É possível imaginar ambientes onde locais comuns (como a sala de gestão de situações críticas) possam talvez ser compartilhados entre ambos os ambientes ou cada qual tenha o seu particular, porém interligados e conectados.

Por que estou trazendo esse tema neste final de capítulo e qual sua ligação com a Web 3.0? Anteriormente, descrevi como a introdução do vírus Stunext pelos americanos nas instalações nucleares iranianas (sendo inserido pela dimensão digital) desorganizou a operação física das centrífugas nucleares até sua auto desativação. Esse modelo de ataques inaugurado por *hackers* a serviços de governos ou empresas irá tornar-se o predominante: ataques digitais irão provocar eventos físicos causando desde distração até a destruição em potencial de ativos do mundo físico. Se isso não é muito difícil de imaginar, você poderia questionar porque coloco esses centros como uma tendência e não uma realidade de curto a médio prazo?

As dificuldades técnicas não são o maior impedimento, embora sejam relevantes e existentes para essa convergência. A questão mais crítica, por incrível que possa parecer, é a resistência dos técnicos em operar de forma *compartilhada* e *colaborativa*. Essas duas palavras, com as quais cada vez mais precisamos nos acostumar para o sucesso conjunto, ainda são temas de difícil solução no plano pessoal e de defesa dos feudos profissionais, porém irá acontecer.

2.7 LIMITES ENTRE PÚBLICO X PRIVADO?

Finalizo este capítulo com esta indagação perturbadora: onde estariam os limites entre público e privado? (Se você ainda pensa que eles possivelmente existam.)

Até onde você permitiria – caso esteja ao seu alcance e poder – que os governos chegassem no que diz respeito à sua privacidade, tanto física quanto digital? Qual seu controle ou reação se sua cidade decide instalar milhares de câmeras de vigilância IP? É provável que sua reação inicial seja positiva no tocante àquela questão da "percepção de segurança". Você tenderá a estruturar um pensamento positivo dentro da sua percepção mental de acordo com a equação: *mais câmeras = mais segurança, certo?* Mas e se essas novas milhares de câmeras não levarem a lugar algum, ou se neste local estão operadores despreparados para a função? Ou ainda, se essa central não tiver qualquer processo automatizado para a tomada ágil e eficiente de decisões? (Algo muito comum.) Então talvez você reflita melhor, adapte seu pensamento original e não se sinta confortável com mais vigilância, feita desta forma desestruturada. A população em geral capta alguns fragmentos das informações e constrói um padrão de julgamento e avaliação a partir de uns poucos elementos que consegue processar. Neste caso, é provável que a sua tendência, inicialmente positiva – após entender um pouco melhor as variáveis envolvidas – mude para cautelosa ou até para o outro extremo, negativa.

Numa decisão inédita anunciada em 17 de dezembro de 2013, o juiz Richard Leon, do Distrito de Columbia, dispõe que as questões de monitoramento e vigilância das ligações telefônicas pela agência de segurança do governo dos Estados Unidos seriam, "pelas evidências iniciais apresentadas a esta corte, substancialmente violações à quarta emenda" (que garante à população o direito à "segurança de suas pessoas, casas, documentos e afins, contra buscas e apreensões não razoáveis"). Esse parecer inicial irá tramitar ao longo de aproximadamente 12 meses até sua conclusão final, porém criará certamente um padrão ou jurisprudência legal no tocante a essa matéria.

Em 26 de dezembro de 2013, o *Washington Post* publicou um artigo a respeito dessa questão sob o insinuante título de: "Se não a NSA, quem deveria manter os arquivos das ligações telefônicas?"[23] Nele, a repórter Ellen Nakashima afirma que o presidente Obama estaria disposto a considerar a proposta de encerrar essa controvertida prática feita pela NSA de monitoraros metadados das ligações, porém existem muitas resistências às possíveis alternativas. Uma delas seria que as próprias operadoras de telecomunicações

---

[23] http://www.washingtonpost.com/world/national-security/if-not-the-nsa-who-should-store-the-phone-data/2013/12/25/df00c99c-6ca9-11e3-b405-7e360f7e9fd2_story.html

armazenassem os metadados, que seriam acessados pela NSA em situações de investigações autorizadas judicialmente. Porém as operadoras não se mostram dispostas a se curvar a esse modelo por causa dos investimentos necessários para manter as imensas bases de dados e por que passariam a receber muitas solicitações de fornecimentos desses dados, uma atividade fora do seu foco de atuação e que necessitaria da presença de uma equipe de analistas (com credibilidade, ética e profissionalismo adequados) dentro das operadoras para, diante de tais requisições, não cometer delitos similares aos dos grupos WikiLeaks e do sr. Snowden em "vazar" tais dados sigilosos e sensíveis ao domínio público. Dentro do Congresso, essa possibilidade é contestada pelos motivos expostos anteriormente (altos custos às operadoras, efetiva privacidade e confidencialidade dos dados, dependência de pessoal especializado e confiável), de forma que se inicia uma discussão para uma terceira possibilidade: a criação de uma nova agência com esse propósito específico. Espera-se que em 2014 o presidente Obama tome uma decisão oficial para essa controvertida questão e respectivos debates.

2.8 LIMITAÇÃO, RESTRIÇÃO E PRIVAÇÕES DIGITAIS

Quando, em 28 de janeiro de 2011, o então presidente do Egito Hosni Mubarak ordenou às quatro principais operadoras de telecomunicações do país (Telecom Egypt, Vodafone Raya, Etisalat Misr e Link Egypt) a desativação temporária à população dos serviços móveis e de acesso à internet no país, num momento de pânico e desespero, na tentativa extrema de conter os crescentes protestos diários de milhões na praça Tahrir, usando mecanismos legítimos em contratos para tal ordem que as operadoras não tiveram como contestar (apesar de consultas internas às áreas legais das respectivas matrizes), ele acabou criando o que provavelmente ficará conhecido historicamente como a primeira ordem efetiva no mundo moderno desse tipo. Como resultado, surgiu uma situação na qual a revolta popular, ao invés de recuar, cresceu de forma exponencial e agressiva contra o regime, e o gesto foi internacionalmente percebido com um ato ditatorial que não poderia ser aceito em economias modernas.

Num discurso televisionado à nação neste mesmo dia, Mubarak afirmou: "Tenho a responsabilidade pela segurança deste país e dos seus cidadãos. Eu não deixarei este país viver no medo... Estou deixando o governo e apontando um novo comando."

SEGURANÇA GOVERNAMENTAL E MONITORAMENTO 71

Durante o dia, suas forças militares chegaram a progressivamente suprimir todas as comunicações do país com o mundo externo – dentro da premissa (da era pré-digital) que descrevi anteriormente de ocultar ou manipular as informações para tentar a prolongação no poder. Serviços de mensagem como SMS (Short Message System) também foram suprimidos à população. Numa concepção simplista, ele pensou ter decifrado quais as formas de comunicação mais ativas para a população organizar seus protestos e ordenou unilateralmente a sua supressão imediata, assumindo que desta forma reestabeleceria o controle demonstrando poder e força (intimidação) e iria impor o medo pela restrição das comunicações à população, deixando-a desorientada. Porém, muito rapidamente a revolta foi na verdade exacerbada por tais atos extremos, e a população enfurecida encontrou brechas no bloqueio contando com a simpatia e colaboração da comunidade internacional, que, por meio dos antigos formatos de acesso à internet por linha discada da telefonia fixa, ofereceu uma rota de fuga precária, porém viável, para que as informações sobre a opressão do regime chegassem ao conhecimento da comunidade internacional. Logo a pressão dos meios de comunicação e mídias sociais da própria internet foram tão grandes que o regime foi forçado a renunciar (na forma do discurso citado anteriormente, ainda considerando a manutenção do poder pela capacidade de nomear o novo presidente) e em sequência viabilizar o reestabelecimento dos serviços de acesso e mensagens com um peso político irreversível ao regime.

Privar a população do acesso à internet foi percebido pelo mundo como um ato de extremo autoritarismo, não deixando dúvidas quanto às intenções opressoras do regime ao suprimir a liberdade de comunicação da sua população. Relatos de diversas fontes apontam para cerca de 13 mortes apenas nesse dia por conta dos atos de repressão do regime, nas cidades do Cairo, Alexandria e Suez.

Todos sabemos dos desdobramentos no Egito desses fatos com a troca de regimes, a deposição e posterior prisão de Mubarak, num processo político ainda (até dezembro de 2013) indefinido entre as várias disputas e forças dominantes/relevantes presentes nesse país.

Esses fatos vieram a se repetir depois na Síria por tentativas similares do presidente Bashar al-Assad, que recorreu ao uso das armas químicas, no fatídico dia 21 de agosto de 2013, matando mais de 1.400 pessoas, incluindo-se mulheres e crianças (*o uso de armas químicas foi confirmado pela ONU em relatório de 38 páginas publicado pelo Secretário das Nações Unidas, o secretário-geral Ban Ki-Moon*). Aprendemos com isso que a supressão, ausência, manipulação ou adulteração da informação verídica no mundo moderno da web hiperconectada produz um efeito exponencialmente contrário ao que os governantes opressores do mundo físico pré-internet/era digital estavam acostumados.

Uma prática comum desses regimes (como Hosni Mubarak objetivou) era esconder e/ou camuflar as notícias e em especial as imagens (fotos, filmagens ao vivo e vídeos) de atos violentos, como mortes, execuções, torturas e massacres coletivos.

Não havia smartphones nem redes com as capacidades atuais e em progressão acelerada, como na Web 3.0 (e seguintes) para capturar instantaneamente

Essa figura utiliza tecnologia similar ao taggalaxy.com (http://www.taggalaxy.com/), sobre o qual comentei no capítulo anterior. Você pode verificar que as palavras em maior destaque e tamanho são aquelas em que dados (fotos, posts, vídeos, imagens) são postados naquele momento específico na internet, tornando possível às equipes de inteligência mergulhar rapidamente nesses grupos principais até seus elementos mais específicos, e, como descrevi, trilhar o caminho do digital ao físico.

e com qualidade imagens e vídeos negativos que testemunhas sem as atrocidades dos regimes opressores na rede mundial para avaliação e julgamento público imediato online.

Os Estados Unidos mantêm um programa de ajuda militar ao Egito da ordem de um bilhão de dólares anuais, um gesto que remete à independência do país muçulmano da Inglaterra em 1952, fato que levou à gestão dos presidentes Gamal Nasser, Anwar Sadat e Mubarak, todos advindos das forças militares.

Voltando ao Egito atual, novos ataques ocorreram na cidade do Cairo, quando uma bomba explodiu em 26 de dezembro de 2013, perto de um ônibus municipal, deixando cinco pessoas levemente feridas, e em Mansura, em 24 de dezembro de 2013, onde 16 pessoas morreram e mais de cem ficaram feridas pela explosão de um carro-bomba em frente à sede da polícia, estando o país neste momento dividido entre dois grupos: a Irmandade Muçulmana, que foi considerada pelo governo atual como um grupo terrorista com suporte da Al-Qaeda, e o novo governo militar, que em julho de 2013 depôs o presidente Mohamed Morsi, substituto de Hosni Mubarak. Governantes opressores terão na Web 3.0 e na tecnologia de redes de altíssima velocidade e mobilidade um grande inimigo pelo simples fato de que não é mais possível esconder nada. Sempre haverá alguém com um pequeno, porém poderoso, smartphone (virão também, como citado no capítulo anterior, as múltiplas variações do Glass), que capta tudo o que se passa em tempo real e com alta qualidade de resolução de áudio/vídeo.

A "invasão do público" pela forma da supressão das liberdades coletivas de acesso à web já provaram não trazer resultados e são consideradas como intoleráveis no mundo moderno. Embora a web não seja propriedade de nenhum país ou entidade privada (temos "apenas" direito de acesso via provedores que, por sua vez, têm concessões dos governos para tais serviços), são legais, tecnicamente, as tentativas de governantes em situações extremas e de pânico de tomarem tais medidas de contenção dos acessos de forma impositiva e unilateral. Entretanto, sua imagem perante a população e a comunidade internacional torna-se extremamente negativa e, como vimos, essa é uma percepção irreversível.

Por outro lado, esses eventos demonstram como tornou-se relativamente rápido e eficiente o processo de aglutinar multidões nas praças públicas e nos locais simbólicos do exercício do poder. Mas sem lideranças e planos claros (focados), esses movimentos tendem a perder sua força inicial e se dispersar gradualmente, mesmo sem a infiltração eletrônica dos times de inteligência dos governos afetados. Desde reinvindicações mais diretas e pontuais, como a busca de grupos e associações por temas mais simples como aumentos diversos anuais, redução de tarifas públicas e demais tópicos tangíveis que podem (por serem melhor planejados) ter uma sequência de maturação lógica do ciclo natural "começo/meio/fim" para, através das facilidades do mundo digital, conseguirem acelerar as mudanças físicas, até as reinvindicações mais complexas de ruptura, como a mudança de regimes políticos, que em situações mais extremas poderiam ser caracterizadas como revoluções, haverá a necessidade de sincronizar a extrema velocidade que o mundo digital propicia com a natural maturação e processo de conscientização das mudanças estruturais do mundo físico, além da sua vinculação a alguma estrutura de poder estabelecido que seja considerada confiável. Os movimentos organizados via web, em geral, partem do princípio da grande ou mesmo total desvinculação com partidos políticos do mundo físico, nos quais não confiam, ainda que sejam de oposição aos regimes estabelecidos. Esse grande vazio que se aprofunda em várias partes do mundo entre os movimentos de rua organizados via web e as estruturas políticas do físico também contribuem, no momento, para uma natural dispersão dos movimentos menos pontuais e mais complexos pelos motivos expostos anteriormente.

Haverá a necessidade da consolidação de lideranças que poderão obter suas credenciais e estabelecer legitimidade e credibilidade no mundo digital, mas que terão de encontrar seu equivalente interlocutor no mundo físico para que a energia extrema de concentrar milhões de pessoas em locais públicos para uma determinada reinvindicação não migre para a gradual e triste dispersão dos movimentos sem a conquista dos seus objetivos principais. Penso ser provável imaginar que as lideranças do mundo da Web 3.0 venham a nascer de fóruns e blogs digitais sem vinculação inicial com o sistema político existente pela sua percepção de inércia ou mesmo incompetência em servir aos interesses populares, o que cria uma consequente associação negativa. Porém, na web semântica 3.0, será necessário encontrar uma ponte de comunicação com as estruturas de poder do mundo físico para que estas forças venham a atuar em conjunto de forma positiva, somando forças e encontrando caminhos viáveis para as mudanças que as populações poderão expressar de forma livre, espontânea, sem fronteiras físicas e extremamente rápidas. É razoável imaginar que num primeiro momento surjam muitos candidatos a essas posições, porém sem as credenciais ou histórico necessários. Os grandes líderes da nossa geração foram construindo sua imagem de liderança por fatos notáveis, heroicos e marcantes. Nelson Mandela, por exemplo, falecido em novembro de 2013, estabeleceu seu grande lastro de credibilidade única nacional e internacional por todo o sofrimento dos seus 27 anos passados na prisão e, em especial, pela forma como deixou isso para trás, sem ressentimentos e pregando, depois de eleito presidente, o diálogo e a união (em vez de vinganças) para a reconstrução que conduziu de maneira brilhante na África do Sul posteriormente.

Não temos registros históricos de formação de lideranças políticas em um curto espaço de tempo com equivalente credibilidade junto à população para terem suas vozes e pensamentos respeitados o suficiente para serem seguidos. Existe, portanto, uma falta de sincronia. Talvez venhamos a atravessar certo período em que muitos oportunistas tentarão, por meio de factoides, construir uma identidade digital associada à liderança via fatos ou eventos circunstanciais de curtos ciclos "começo/meio/fim" vinculados aos temas pontuais citados anteriormente. Os mecanismos de supervelocidade e ampla conectividade tendem a favorecer a propagação de lideranças eventuais, porém também haverá a necessidade de fortalecer os vínculos com tais lideranças semi-inéditas, ou mesmo aquelas mais sólidas, para temáticas de maior amplitude e temas complexos que criem suas histórias e uma percepção popular positiva, o que, por fim, irá legitimar e consolidar sua migração do mundo digital ao físico.

3

PROPRIEDADE INTELECTUAL E ESPIONAGEM INDUSTRIAL

3.1 FATOS RELEVANTES RECENTES: CASOS WIKILEAKS E SNOWDEN

Produzi este capítulo em meio ao frenesi das notícias geradas pelos desdobramentos do caso Snowden. Meus vários anos de carreira, em particular aqueles que envolveram investigações de fraudes financeiras, delitos e casos reais em campo, ensinaram-me algumas regras básicas que mantêm grande coerência com esses acontecimentos recentes. A respeito desses eventos, que no momento da publicação desta obra certamente terão novos desdobramentos (e uma possível solução mais definitiva), bem como suas consequências, tenho analisado os fatos vindos a público através da mídia para formar uma opinião.

Ao que parece, Snowden e sua equipe de repórteres/colaboradores (ativistas políticos) mantêm forte semelhança com as ideologias do controvertido líder do WikiLeaks[24], Julian Assange, australiano que foi acusado por duas mulheres de crimes de abuso sexual na Suécia, preso, libertado em Londres e posteriormente asilado na embaixada do Equador desde 16 de agosto de 2012, durante um turbulento período em que esteve sob ameaça iminente de ser deportado para os Estados Unidos, onde poderia enfrentar a pena de morte por ter vazado uma grande quantidade de informações sensíveis do governo deste país. Dois anos depois, no final de agosto de 2014, ele anunciou a imprensa mundial que "em breve" deixaria o asilo, porém sem ter fornecido mais detalhes.

---

[24] https://wikileaks.org

Ambos os personagens parecem pautar seus atos por um forte ativismo político em prol do princípio da total disponibilidade de informações ao público, assumindo que governos e empresas deveriam abrir totalmente seus segredos sobre projetos em andamento, estratégias de mercado, planos militares, inovação de produtos, segredos sobre base de dados de clientes, sigilo e confidencialidade de contratos e tudo o mais que funciona como pilar básico do sistema capitalista ao público em geral através da internet. O anarquismo desse eventual sistema de informações totalmente aberto em que todos os cidadãos com acesso à internet podem ter contato com qualquer informação de governos e empresas a qualquer tempo e sem restrições e/ou limites em troca de uma ideologia por um mundo livre e mais justo não me parece ter consistência. Foi seguindo esses princípios que o WikiLeaks, sob a liderança de Assange, chamou a atenção de todos por ter hackeado e posteriormente "vazado" para o mundo todo (por meio de acessos não autorizados a bases de dados do governo americano) múltiplas informações confidenciais, dando início à cadeia de consequências que sabemos. (Snowden não cometeu *hacking*, e sim roubo puro e simples de informações usando suas credenciais de acesso aos sistemas da NSA e tomando posse da indentidade de outro usuário com nível de acesso superior ao seu.) O líder do Wikileaks, portanto, foi envolvido em um processo na Suécia por situações que teriam ocorrido na sua vida pessoal e deveria ser levado a tribunal por tais acusações (até o momento, Assange ainda não foi levado à justiça para ser julgado pelos crimes de vazamento de informações nos Estados Unidos), enquanto o site WikiLeaks perdeu grande parte da sua credibilidade e poder de influência, embora continue a atuar na internet, defendendo os mesmos ideais anárquicos de seu fundador.

Logo após sua prisão, grupos de "hackers ativistas" em vários países organizaram pesados ataques orquestrados contra sites em todo o mundo, tomando posse de grande poder computacional, numa operação para vingá-lo. Seguiram-se alguns dias em que novas técnicas criaram ondas de ataques com alta carga (excessivo volume de tráfego) contra sites relevantes e com visibilidade mundial, aparentemente para demonstrar seu poder computacional e técnico e demonstrar à comunidade internacional as suas capacidades técnico-políticas de colaboração conjunta.

O discurso de Snowden (até o momento, tecnicamente, um fugitivo da justiça americana), que seus colaboradores, repórteres profissionais em veículos de relevância da mídia internacional, têm tido a capacidade de manter continuamente em evidência, culminou em uma declaração no dia 24 de dezembro de 2013 na qual ele diz que "considera sua missão no asilo temporário de Moscou terminada". Após ter enviando uma "carta aberta" ao povo brasileiro (em dezembro de 2013) e ter se oferecido para ajudar nas "investigações", sugerindo e/ou insinuando para tal a necessidade de asilo político no Brasil, seus movimentos me parecem dizer que ele acredita que o país tem algum tipo de dívida com ele (pelas supostas revelações de espionagem), e, portanto, o asilo seria algo natural e uma contrapartida coerente. Acredito que seja relevante observar mais de perto a dinâmica dos acontecimentos recentes no país que lhe concedeu esse asilo temporário (12 meses) e que sediou as Olimpíadas de Inverno, na cidade de Sochi, de 7 a 23 de fevereiro de 2014.

- Nos dias 29 e 30 de dezembro de 2013, dois atentados terroristas mataram 34 pessoas, e deixaram 104 feridos na cidade de Volgogrado, a 650 quilômetros de Sochi, sede dos Jogos Olímpicos. No primeiro ataque, bombas foram detonadas por duas mulheres terroristas numa estação de trem e ônibus; no segundo ataque, na manhã seguinte, uma bomba foi detonada em um ônibus elétrico. Houve intensa pressão e preocupação da comunidade internacional pela segurança dos Jogos, indicando eventual boicote à participação de algumas das delegações.

- Após forte repressão política, o presidente Vladimir Putin, numa tentativa de manipular ou reverter as percepções (negativas) internacionais em relação ao seu regime, ordenou a libertação de presos políticos, como a de seu grande inimigo político, Mikhail Khodorkovsky, ex-magnata e fundador da petrolífera Yukos (preso há quase 10 anos e que recebeu asilo na Suíça); líderes ambientalistas do Greenpeace, e aproximadamente outros 20 mil prisioneiros do regime, que deverão ter um tipo de anistia desse regime em breve.

- Subiu para três o número de ataques a bomba em ônibus na cidade de Volgogrado em 2013. A primeira explosão foi em outubro. Seis pessoas morreram na ocasião.

- O presidente Putin teria ordenado ao chefe da principal agência de segurança russa, a FSB (sucessora da KGB soviética, da qual ele próprio foi membro), a revista de todos os moradores de Volgogrado, especialmente imigrantes, que tiveram suas identidades checadas pela polícia.

- Antes desses atentados, ao menos 600 policiais foram deslocados de Volgogrado para Sochi, a fim de ampliar a segurança da sede das Olimpíadas de Inverno.
- Volgogrado (sob o nome Stalingrado durante parte do período da União Soviética) tem um grande simbolismo histórico por ter sido palco da maior batalha da Segunda Guerra Mundial, quando o Exército Vermelho repeliu a ofensiva nazista no *front* oriental do conflito. Volgogrado é um símbolo da Segunda Guerra Mundial. Terroristas a teriam escolhido como "alvo" por sua história marcante.

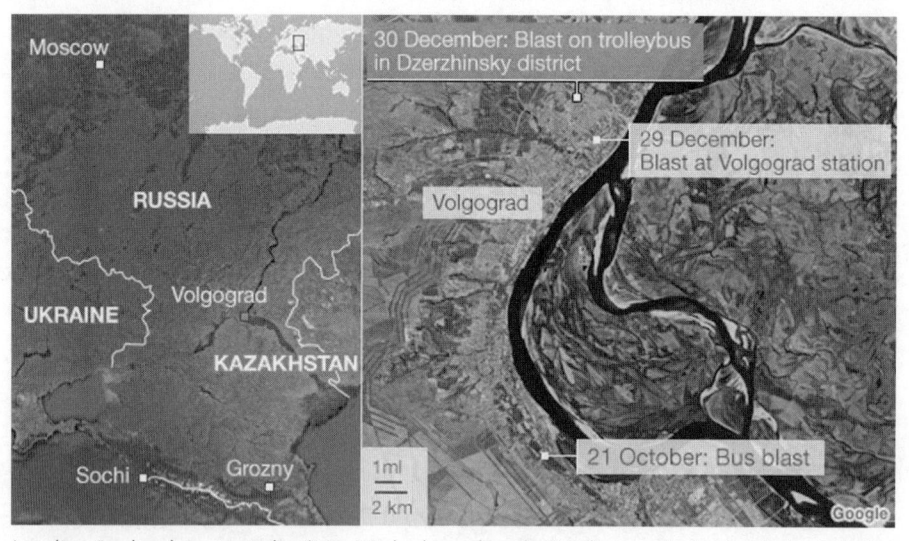

Localização dos dois atentados (29 e 30 de dezembro de 2013) e sua distância relativa à capital Moscou e à sede dos Jogos Olímpicos de Inverno, Sochi.
Reportagens da BBC da época destes ataques. http://www.bbc.com/news/world-europe-25558070

Esses ataques demonstraram a capacidade dos terroristas de provocar grandes danos materiais e matar inocentes em áreas com níveis de segurança aparente menores pelo deslocamento do efetivo para o perímetro delineado ao redor de Sochi, em razão dos Jogos Olímpicos de Inverno.

Ao longo do primeiro semestre de 2014 assistimos à invasão da Crimeia e a toda crise envolvendo a possível invasão de outras áreas do território Ucraniano através do suporte direto de armas aos grupos separatistas. As fortes sanções econômicas impostas ao governo do presidente Vladimir Putin pelos Estados Unidos e União Europeia provocaram forte recessão e limitações diversas, o que aparentemente fez Putin rever seus eventuais planos expansionistas e abrir negociações diretas com o novo governo Ucraniano.

Durante minha experiência em consultoria investigativa sobre casos de fraudes, crimes e delitos reais, aprendi a identificar e compartilhar com meus clientes aquele momento exato do processo que caracteriza uma situação que classifico como *sem retorno*. Quando somos mais jovens e estamos nos estágios iniciais da carreira, não nos damos conta destes pequenos, porém críticos momentos que definem depois nossas vidas por completo. Parece então ter havido todo um planejamento (lembrem-se de que Snowden apenas trabalhou nas instalações da NSA subcontratado pela consultoria Booz Allen Hamilton por um curto período) entre ele e sua rede de colaboradores na mídia para que, em troca das revelações das "provas" e "evidências" de espionagem contra países e empresas, houvesse uma contrapartida política – e esse dia está chegando – após ele ter deixado o Havaí tendo roubado cerca de *200 mil documentos secretos* e feito sua entrevista bombástica à mídia internacional de um hotel em Hong Kong em 6 de junho de 2013. Seguiu-se um período de intensa indefinição sobre sua localização (já que ele se recusou a voltar para os Estados Unidos e enfrentar a justiça do seu país) que por fim culminou, com apoio de grupos ambientalistas, num encontro em uma zona neutra do aeroporto de Moscou que levou a concessão de um asilo temporário pelo governo russo por 12 meses, de 31 de julho de 2013 a 31 de julho de 2014.

A indagação óbvia na mente de todos era: o que faria Snowden no final de julho de 2014? Por alguns dias essa dúvida ficou em aberto até que soubemos que, na derradeira data o governo russo aceitou que seu visto temporário fosse estendido por mais três anos. Dessa forma, ele poderá viver na Rússia até o dia 1º de agosto de 2017 e, tecnicamente, poderá viajar para qualquer lugar do mundo. Seu advogado, Anatoly Kucherena, confirmou sua permanência na Rússia, onde ele ainda conta com a simpatia do governo para evitar sua extradição aos Estados Unidos. Sua presença em território russo no atual governo Putin gera um diário desconforto para o governo americano. Como a história nos ensina, no campo da inteligência e espionagem, ao tornar-se um ativo de alto valor político, não seria estranho subitamente em anos futuros ficarmos sabendo de uma eventual negociação entre os países e seu retorno aos Estados Unidos para enfrentar a justiça.

O ex-major general da KGB (serviço secreto russo, onde o presidente Putin fez carreira), Oleg Kalugin, declarou a revista *Business Insider* em 23 de maio 2014[25] que Snowden provavelmente está trabalhando como consultor ou conselheiro técnico para a FSB (Russia Federal Security Service), uma agência do governo com função similar a NSA. Em suas palavras, "atualmente os russos estão muito satisfeitos com os presentes que Snowden tem lhes dado. Ele certamente está muito ocupado fazendo algo. Ele não esta apenas lá passando o tempo e desfrutando a vida".

Como vimos, a Rússia atravessa um momento bastante conturbado, e nada nos faz cogitar que esse regime atual claramente opressor tenha qualquer aderência com as teses anárquicas de liberdade total de informações pregadas pelos jornalistas profissionais/colaboradores de Snowden. Nesses últimos meses que lhe restavam em liberdade (pelo visto temporário anterior), ainda protegido pelos russos (embora não sabemos os quais teriam sido as condições e detalhes para a concessão desse asilo temporário (agora prorrogado por três anos) e nem o que estaria fazendo Snowden no território russo e eventualmente junto às agências similares a NSA desse país), ele naturalmente não pode voltar aos Estados Unidos, onde é considerado um "fugitivo da justiça" e um potencial "traidor da pátria", de forma que, como tal, seria imediatamente preso, conduzido a julgamento e provavelmente condenado por um longo período (talvez por toda a vida). Penso que como ele estava fortemente limitado, suas opções, de possíveis, novas rotas de fuga, pois caso venha a cruzar qualquer espaço aéreo dos países aliados dos americanos, também, será imediatamente preso e conduzido de volta aos Estados Unidos. De acordo com alguns de seus pronunciamentos no Natal de 2013 – que seus habilidosos repórteres profissionais têm a condição de fazer chegar diariamente à imprensa mundial, construindo uma imagem de "mártir" –, ele pretende, em suas palavras, "iniciar um debate público pela adequação das normas e políticas de vigilância digital".

3.1.1 Anistia, clemência ou perdão?

Logo no primeiro dia útil do ano de 2014, o jornal *The New York Times*, em sua edição eletrônica, publicou um editorial sob o título "Edward Snowden,

---

[25] http://www.businessinsider.com/snowden-is-working-with-russian-intelligence-2014-5

Whistle-Blower"²⁶ (Edward Snowden, delator), no qual, pela primeira vez desde o início do caso em junho, é sugerida a volta negociada de Snowden aos Estados Unidos sem punições ou com um processo judicial com penalidades brandas.

Essa nova possibilidade estava relacionada às minhas análises, pois o tempo para Snowden estava terminando no asilo temporário e ele precisava rapidamente encontrar uma saída para a sua situação (confusão/dispersão de que tratei no Capítulo 1) que começou pela entrevista em um quarto de hotel em Hong Kong. Nesse editorial, o jornal procurava construir uma argumentação positiva para essa situação, argumentando que "as revelações dos documentos já levaram dois juízes federais a acusar a NSA de violação da Constituição (embora um terceiro a tenha considerado como legal). Em um painel conduzido pelo presidente Obama, foram apontados procedimentos da NSA invasivos à privacidade, e foi solicitada uma grande revisão de suas operações. Considerando o enorme valor das informações reveladas e os abusos que expôs, Snowden merece uma vida melhor do que um exílio permanente no medo e distância. Ele pode ter cometido crimes para conseguir acesso a essas revelações, mas prestou um grande serviço ao seu país. É o momento de o país oferecer ao Snowden uma barganha justa ou alguma forma de clemência que lhe permita regressar à sua casa, enfrentar uma substancialmente reduzida punição à luz do seu papel como delator e ter a esperança de uma vida defendendo maior privacidade e supervisão muito mais forte da comunidade de inteligência no futuro".

O editorial termina por dizer que "certamente o *Times* não está dizendo que Snowden não deva pagar por todos os seus atos, porém deve enfrentar uma penalidade reduzida".

Em contraposição a essa argumentação, a respeitada revista de negócios *Business Insider* publicou em 6 de janeiro de 2014, um artigo assinado por Josh Barro com o título: "Por que Edward Snowden precisa cumprir uma longa sentença na prisão".²⁷ O artigo descreve todos os embaraços desnecessários que esse consultor provocou, os múltiplos programas e segredos confidenciais do país e de sua área de inteligência que foram revelados, os prejuízos materiais, políticos e diplomáticos contra os interesses americanos

---

[26] http://www.nytimes.com/2014/01/02/opinion/edward-snowden-whistle-blower.html?_r=1
[27] http://www.businessinsider.com/heres-why-edward-snowden-needs-a-long-prison-sentence-2014-1

que ele causou, além da violação do seu contrato de confidencialidade sobre o acesso a informações as quais ele deveria, sob contrato, não revelar. O leitor de bom senso, sensato e inteligente há de concordar comigo que é uma temática ampla e genérica e que remete aos propósitos de Julian Assange com o WikiLeaks. Por algum motivo, talvez fascinante para nosso entendimento atual e que ainda não está claro para mim, ambos os grupos ativistas de Assange e Snowden visualizaram na América do Sul um território, digamos, "receptivo" para suas ideias de um mundo digital anárquico onde os governos dessa região, talvez por estarem mais distantes do G-7 e, portanto, possivelmente mais flexíveis e tolerantes (após a sensibilização pessoal provocada – a princípio – contra dois dos principais presidentes da região) a esses ideais anárquicos, bem como dependentes tecnologicamente na sua visão, sendo, em suma, condizentes a lhes concederem residência permanente em troca de uma "ajuda tecnológica" não claramente descrita e/ou sustentada em fatos e evidências curriculares.

Até o momento, não reconheço qualquer habilidade técnica especial que esse analista/consultor de 31 anos teria para agregar aos especialistas do país e que justificasse seu caríssimo ônus político perante a comunidade internacional, já que ele decidiu por esse direcionamento anárquico e este é certamente um caminho sem volta que levará consigo inevitavelmente os países e/ou entidades que lhe forem condescendentes. Não temos qualquer evidência e/ou conhecimento de que ele tenha utilizado qualquer artefato ou *malware* específico para o que seria um ato de *hacking* técnico nos seus múltiplos vazamentos de informações sensíveis. Ou seja, ele praticou o simples e trivial (pelas suas amplas condições de acesso a essas informações e bases de dados) roubo de informações confidenciais – 200 mil documentos – do seu país ao mundo. Pela inédita quantidade de dados roubados e pelos comentários mais recentes do presidente Obama, temos a percepção inicial de que a NSA passou a ultrapassar, em certo momento, seus limites, e alguns analistas (pela própria complexidade e caraterísticas dos grupos de trabalhos e aparente monitoramento distante dos superiores) cometeram exageros, porém esta não é mais a pergunta, já que não cabia ao Snowden decidir por conta própria como agir diante disso. Caso ele, como cidadão americano, tivesse conhecimento de fatos relevantes contrários ao que considerava correto, justo e ético para seu país, ele deveria ter seguido os caminhos hierárquicos internos corretos de submeter suas observações, demandas e proposições, e não expor seu país a toda comunidade internacional, favorecendo de forma gratuita vários grupos terroristas que agradecem por todo o material recebido sem qualquer custo ou esforço necessário.

Os relatos em consenso que recebo dos meus colegas com longas carreiras no setor (em segurança digital e ocupando posições no governo) nos Estados Unidos é de que esse rapaz é visto como um simples covarde que deliberadamente roubou informações sigilosas com propósitos pessoais, fugiu do seu país e não merece o respeito profissional no nosso segmento. Deve, portanto, ser conduzido à justiça pelos crimes de traição, enfrentar um julgamento e cumprir provavelmente uma longa pena na prisão, como sugere o artigo de Josh Barro, para a *Business Insider*. Seria o mesmo cenário de um funcionário da área de tecnologia de uma estatal relevante da América Latina roubasse (por meio do vazamento de informações ao domínio público) dados secretos, como, por exemplo, sobre a exploração de petróleo, reservas de gás ou planos de publicação de editais de concessões, por exemplo. Qual seria a atitude e reação dos governantes do(s) país(es) afetados? A mesma: expedir uma ordem de prisão; localizar o(s) suspeito(s); iniciar um inquérito preservando todas as condições, efetuar perícia nos documentos, os quais poderão instruir um procedimento que levará a um processo judicial; efetuar o respectivo julgamento (procuradoria e defesa) e as decisões quanto às eventuais penas cabíveis e sua execução.

Penso que, quando o leitor analisar a questão por essa ótica mais regional, poderá perceber que os fatos são basicamente muito simples, e os procedimentos seguem o mesmo protocolo estabelecido para tais situações. A novidade nesse caso em comparação com o WikiLeaks e que expande esta discussão foi o fator político envolvido e as questões de impacto emocionais que foram habilmente produzidas pelos jornalistas profissionais/ativistas políticos de sua rede de colaboradores. Eliminando esse fator não técnico, a questão apresenta-se muito simples em minha análise.

Destaco ao leitor que não tive acesso a nenhum material técnico para uma análise pericial forense de autenticidade para meu processo normal de formação de provas e evidências. Assim como um médico responsável não pode emitir um diagnóstico sério e conclusivo sobre uma operação, por exemplo, sem ter acesso a todos os exames e o contato físico adequado com o paciente, como especialista não posso emitir opinião conclusiva sobre algo que apenas tenho acesso pelo que é divulgado pela mídia.

Após grandes expectativas e especulações, finalmente o presidente Obama fez, em 17 de janeiro de 2014, um pronunciamento específico sobre toda essa polêmica no Departamento de Justiça, sugerindo cerca de quarenta medidas de ajustes nos programas de monitoramento da NSA. Foi um formato cuidadosamente calculado entre os vários fatores limitantes técnicos desconhecidos do grande público, pressões diplomáticas dos países aliados e reuniões prévias com os gestores das principais empresas tecnológicas americanas, que, de maneira indireta, fora dos Estados Unidos, passaram a conviver com uma inédita crise de credibilidade pela associação negativa que a forma com que as notícias vinculadas sobre eventuais modelos de colaboração e troca de informações passaram a ser divulgadas pela rede de repórteres/colaboradores de Snowden. Os programas de monitoramento das ligações telefônicas serão mantidos (como eu já havia descrito em 2006 no livro *Risco Digital*), assim como grande parte dos programas especiais e capacitações únicas que a NSA adquiriu no mundo da segurança cibernética, resultando na nomeação posterior, em 30 de janeiro de 2014, do vice-almirante Michael S. Rogers como novo diretor da NSA, tanto por ser um reconhecido especialista na nova arte de projetar armas cibernéticas quanto por não ter histórico público na abordagem das polêmicas questões ligadas às preocupações com privacidade.

É significativa a decisão de Obama de escolher um oficial militar ao invés de um civil eventualmente versado em temáticas associadas às liberdades civis. Por lei, o comando será de quatro anos e terá a responsabilidade de planejamento e organização das questões ligadas à guerra cibernética no Pentágono. O vice-almirante vai deparar-se como nunca em sua carreira militar de 33 anos com uma grande exposição pública, iniciada pelas suas próprias audiências de confirmação no cargo. Estará, portanto, sob seu comando realizar a série de mudanças que Obama anunciou.

Concluindo sua exposição em 17 de janeiro de 2014, o presidente Obama destacou que "as agências de inteligências, por definição, não podem funcionar sem sigilo, o que torna o seu trabalho menos sujeito ao debate público. No entanto, há uma tendência inevitável, não só dentro da comunidade de inteligência, mas entre todos os que são responsáveis pela segurança nacional, para coletar mais informações sobre o mundo, e não menos. Assim, na ausência de requisitos institucionais para o debate normal – e de supervisão do que é público, bem como privado –, o perigo de sobrealcance do governo torna-se mais agudo. Isso é particularmente verdadeiro quando a tecnologia de vigilância e nossa dependência de informações digitais estão evoluindo muito mais rápido do que nossas leis".

Destaco ao leitor que ao longo dos primeiros meses de 2014 vários outros fatos relevantes associados a este tema chegaram rapidamente ao conhecimento do grande público, destacando-se a inédita expulsão do executivo-chefe da CIA em Berlim do território alemão em 10 de julho, por alegadas tentativas de recrutamento de agentes do serviço secreto alemão, em decisão anunciada pela própria chanceler Angela Merkel.

Fortes tensões vieram a público no plano político, repercutindo a queda da percepção de credibilidade no grupo de países aliados dos Estados Unidos, em particular da Alemanha (apenas 35% da população ainda considera os americanos como um aliado confiável).

Algumas semanas após esse incidente, o serviço secreto dos Estados Unidos fez chegar à mídia mundial que a ex-secretária de Estado e ex-primeira dama Hillary Clinton teve seu celular monitorado pela BND, a agência federal de inteligência alemã. Essa descoberta, revelada pelo jornalista Georg Mascolo, somente foi possível pela atuação de um agente duplo que nos últimos anos teria conseguido roubar mais de 200 documentos classificados como altamente secretos pelo governo alemão. Nesse cenário de percepção × realidade associado ao desconhecimento técnico da opinião pública, os fatos citados vêm a público sem que se possa efetivamente comprovar sua legitimidade, criando uma autêntica guerra digital contínua de percepção através da propagação de múltiplas informações na internet.

Essa guerrilha digital por visibilidade foi tragicamente expandida em 19 de agosto de 2014, quando o grupo terrorista ISIS postou no YouTube um vídeo que mostrava a *decapitação do jornalista americano* James Foley, desaparecido há quase dois anos na Síria, a princípio em retaliação pelo não pagamento de seu resgate na quantia de 132 milhões de dólares. Aqui se rompeu uma barreira delicada, aquilo que comentei como o ponto do não retorno. Uma execução brutal como essa foi visualizada por centenas de milhares, talvez milhões de usuários da internet. Estamos acostumados a ver essas cenas nos filmes, e apesar de nos assustarmos naquele momento, no fundo sabemos que é apenas uma montagem. As crianças e jovens assistem cenas similares nos violentos jogos de videogames, nos quais a morte é tratada como algo circunstancial: ok, vamos começar o jogo de novo!

Não me recordo de nada similar e posso afirmar ter sido esta a primeira execução brutal transmitida online a todo o mundo pelo veículo da rede de computadores. Não sabemos o dia exato dessa execução, mas sabemos que a partir dessa data, os terroristas expandiram o alcance dos seus atos, criando um impacto perturbador sobre suas motivações e objetivos.

Como expliquei anteriormente, no mundo atual do *big data*, após esse fato, centenas de analistas de inteligência estão neste momento analisando todos os detalhes desse vídeo e como esses downloads estão sendo feitos: quem, quando, quantas vezes, em quais regiões, países, cidades, horários. Os algoritmos da inteligência analítica estão processando essa imensa massa de dados dispersos visando a identificar o autor desse crime (aparentemente um terrorista de origem inglesa) e como o ISIS opera: seus colaboradores, simpatizantes, métodos de recrutamento. Enfim, o ISIS quebrou esse perigoso paradigma, a cena da morte por métodos primitivos dos tempos medievais vindo à mídia e ao público do século XXI via YouTube, porém sem a possibilidade da volta, já que aqui infelizmente trata-se da alta violência do mundo real.

3.2 FORÇAS E PRESSÕES PESSOAIS E DO MERCADO

Esses diversos casos terão ainda vários desdobramentos até seu desfecho final, porém trouxeram à opinião pública o poder dos ativos digitais e como empresas e governos em todo mundo devem rever urgentemente suas políticas, programas e investimentos no setor de segurança cibernética. Por caminhos confusos e tortuosos, a mídia internacional tem bombardeado os usuários com informações diárias sobre técnicas que envolvem o uso das tecnologias digitais em *cybersecurity* sem de fato entendê-las. Recebo inúmeras perguntas temerosas de amigos e clientes sobre tais fatos, que no final das contas remetem à questão principal dos meus últimos dois livros. É necessário tratar desses assuntos numa linguagem mais objetiva e enfrentar os desafios que esse universo digital nos trouxe e não foram ainda absorvidos pela população, governantes e empresários.

A Web 2.0 iniciou um processo mais ativo de uso das plataformas digitais para negócios, e praticamente todas as empresas e governos de alguma forma lançaram-se nesse novo universo apenas olhando para as dimensões positivas e gananciosas de aumento de vendas, lucros, mais clientes e mercados, agilidade, flexibilidade, conveniência, transparência, enfim, aqueles vetores que trazem consigo os investimentos. Como a pesquisa da Price (tratada no Capítulo 5) bem esclarece, os projetos de inovação não partem considerando os componentes da segurança cibernética. Empresas lançam seus produtos e novos serviços e depois – obviamente – serão atacadas em algum momento, e apenas nesse momento lembram-se da segurança cibernética. Lembro claramente dos diálogos e das diretivas expostas em uma certa tarde de fevereiro de 2002 em Las Vegas (na reunião anual da empresa em que eu atuava na época) para uma equipe de consultores, a grande maioria com mais de 35 anos de carreira atuando como agentes especiais nos mais variados países do mundo. Nosso consultor líder, com o qual tive a grata experiência de expandir a relação profissional e que se tornou um dos meus mentores profissionais, listava-nos algumas premissas que seguem consistentes nos muitos anos de carreira no setor de investigações. Embora o tema de segurança cibernética ainda fosse algo novo e imaturo para todos na sala naquele início de 2002, criaram-se analogias com o mundo da investigação no mundo físico que poderiam repetir-se no ambiente digital, que estava começando a formar-se naquele momento após o 11 de setembro e chamava a atenção de alguns CEOs mais inteligentes e visionários.

3.2.1 "A primeira impressão quase nunca tem qualquer relação direta com a solução do caso"

Quando ouvi essa frase pela primeira vez pensei não estar muito atento à exposição e esforcei-me para acompanhar a linha de argumentação, pois parecia algo sem sentido. Talvez eu não estivesse muito afinado no meu inglês e a expressão usada provavelmente tivesse outra conotação, porém eu tinha ouvido corretamente! Nas duas horas seguintes foram expostos detalhes de vários casos de fraudes complexas envolvendo altíssimas cifras e patentes industriais que confirmavam essa premissa por fatos concretos dos relatórios finais. Compartilhei com os leitores de meu livro anterior, *Risco digital*, minha pior, cruel e mais realista experiência com essa premissa, na descrição que fiz sobre o caso de desvio de projetos em que fui obrigado a conviver com o executivo líder e sócio de uma grande e famosa empresa de consultoria internacional, com mais de trinta anos na companhia, além de ter ganhado vários prêmios anuais por performance e possuir uma família exemplar (aquele típico painel de fotos na sala de trabalho do "executivo/pessoa/pai/marido perfeito"), um perfil que, com o fim do caso, passei a treinar minha mente a olhar com certas e fortes reservas.

Além de possuir a chamada "vida perfeita", ele optou por financiar a criação de uma empresa paralela (na qual ele era um sócio oculto) com sede a menos de 500 metros da consultora internacional. Ao longo de 18 meses, ele diária e deliberadamente vazou documentos confidenciais que não lhe pertenciam a respeito de concorrências públicas sob sua gestão e na qual a empresa da qual ele era executivo-sócio investira milhares de homens-hora, pesquisas, além de inúmeras viagens pelo país, nas longas fases preliminares de um grupo de editais sobre um determinado setor do mercado que estaria próximo de ser oferecido através do modelo de concessões de operação. Quando finalmente os editais chegaram ao mercado para as concorrências, a matriz americana tinha grande convicção de suas chances de sucesso por todos os investimentos feitos, escolha da melhor tecnologia para a demanda resultante, além de ter mapeado no mercado quais eventualmente seriam seus principais concorrentes nas disputas.

Para que o leitor compreenda melhor esse tipo complexo de solução, apenas para comparação do nível de complexidade e fatores envolvidos, pense num edital, por exemplo, de trens de altíssima velocidade (trens-bala). É algo em que todo o processo em geral demanda muitos investimentos prévios para estruturação de grupos de empresas que formam consórcios (unindo suas competências) para poder compor a oferta completa, tal a diversidade do nível de fatores envolvidos, sendo extremamente atípico, num cenário como este, surgir um novo concorrente – desconhecido – que tenha a experiência e o nível de investimentos capaz de suportar todo esse ciclo de vendas. Dessa forma, e sob essas circunstâncias, foi com extrema surpresa e indignação de todos os envolvidos que se verificou a existência de um novo concorrente em posse de amplo material e estudos sobre as especificações em questão e as respectivas ofertas sobre os diversos serviços a serem contratados, basicamente reproduzindo com mínimas alterações as soluções maduras de consultoria desenvolvidas pela empresa americana. A concorrente era uma pequena e totalmente desconhecida nova empresa nacional sem qualquer histórico de resultados ou projetos anteriores no setor, porém já constituída e operando há aproximadamente dois anos.

Pelas regras de concorrência, a empresa tradicional foi vencida na disputa e forçada a absorver os prejuízos diretos pela não obtenção dos contratos, além do carregamento dos custos (no balanço e na divisão do país) já incorridos dos 18 meses de preparação de uma equipe dedicada de alto nível (algo quantificado, na época em torno de 25 milhões de dólares). Tudo que restou, após a revolta inicial, foram as primeiras perguntas desconfortáveis:

- Como isso pôde acontecer?
- Haveria alguém "de dentro" envolvido?
- Como formar provas e eventualmente reverter o resultado?

Recupero esse caso porque ele esclarece e busca caminhos e possíveis respostas para tentarmos entender o tema deste capítulo. Após cerca de seis meses de trabalho com uma equipe especializada, montamos todo o relatório com as provas irrefutáveis do envolvimento direto desse executivo-sócio como sócio oculto na nova empresa e apresentamos à presidência da subsidiária no país e nos Estados Unidos. Provamos o roubo dos documentos, que, inclusive, em grande parte, trafegavam inacreditavelmente pela própria rede corporativa sem que houvesse qualquer tipo de restrição e/ou vigilância. Finalmente, a matriz nos Estados Unidos ordenou a demissão desse executivo e de alguns colaboradores mais próximos, que também estavam atuando nas duas pessoas jurídicas, mas optou por não revelar ao mercado os fatos e não tentar, por meio de procedimentos legais, reverter os resultados da licitação em função da preservação de sua imagem e marca.

3.3 RACIONAL ECONÔMICO E COMPETITIVO

Essa atividade sempre existiu muito antes da internet e ficou ainda mais em evidência para o grande público durante a Guerra Fria entre os Estados Unidos e a União Soviética (que muito se comenta estarmos vendo novamente pela questão do apoio Russo aos separatistas na Ucrania). Porém, se lembrarmos da Idade Média, e mesmo remetendo à religião católica, aprendemos que sempre haverá um Judas vulnerável e fraco a serviço de uma causa que em geral envolve compensação financeira direta ou indiretamente. No inglês, o termo *intelligence* (inteligência) tem conotação mais ampla e positiva do que no português, quando é em geral mal traduzido e/ou associado à palavra *espionage* (espionagem), que tem em nosso país uma conotação claramente negativa, invasiva e no limite da ilegalidade. No inglês ambas, as disciplinas, *espionage* e *intelligence*, e mais recentemente *competitive intelligence*, são melhor descritas, valorizadas e absorvidas pela população, e são inerentes ao ambiente competitivo dos negócios.

Usando seu bom-senso, como saber o que seu inimigo (nos negócios, na política ou no governo) pensa sobre você/sua empresa/seu país e o que estaria fazendo neste momento? Historicamente, no mundo físico, a única maneira para obter qualquer tipo de informação consistente dessa natureza, sobre esse(s) inimigo(s) seria a clássica situação de recrutar e depois infiltrar um elemento no território alheio por um determinado tempo, provê-lo de credibilidade suficiente para ganhar a confiança do outro lado até que, por fim, e de modo muito cauteloso, as primeiras informações comecem a ser transmitidas. Nesse processo todo, desde seu momento inicial até os primeiros resultados tangíveis, talvez também tenham se passado algo em torno de 18 a 24 meses de casos similares de fraudes corporativas como descrito anteriormente.

Os riscos físicos e à própria vida eram imensos; quantas histórias você já ouviu ou viu retratadas em livros e filmes a respeito de pessoas que foram descobertas fazendo isso? Eventualmente perderam suas vidas ou foram cruelmente torturadas e presas por longos e infindáveis anos. Alguns dos poucos espiões sobreviventes da Guerra Fria que se aposentaram ao fim dela, escreveram biografias muito interessantes sobre suas perícias e da linha tênue e mega estressante em que viveram por muitos e muitos anos, além de vidas isoladas e sem o convívio com estruturas familiares normais. Para ilustrar vários desses pontos, faço referência a alguns filmes simbólicos sobre aspectos da dinâmica investigativa. Desde o divertido e também inteligente *Duplicidade*, com Julia Roberts e Clive Owen, ao provocativo *Inimigo de Estado*, com Gene Hackman e Will Smith, o surpreendente *O Recruta*, com o grande Al Pacino e Colin Farrell até a franquia *Identidade Bourne*, com Matt Damon.

Em *Duplicidade*, que tem um roteiro muito bem escrito com humor e picardia, dois grupos rivais da indústria de bens de consumo tentam a todo custo descobrir o que o outro (concorrente direto) estaria fazendo e quais eventuais novos lançamentos de produtos seriam colocados no mercado. Uma falsa pista é introduzida, induzindo ao erro de uma das equipes, levando à sua desestruturação pela excesso de confiança, ganância e interesses pessoais dos envolvidos.

Em *Inimigo de Estado*, um filme já clássico do gênero, um ex-hacker aposentado (Gene Hackman) é procurado como única salvação para um funcionário do governo (Will Smith) que tem a sua vida destruída repentinamente a poucos dias da tramitação de uma medida importante sobre liberdade de expressão e privacidade a qual é grande opositor – um caso clássico de difamação da outra parte.

Na série de filmes de ação *A Identidade Bourne*, Jason Bourne é um agente que faz parte de um programa secreto que apagou o seu passado e o transformou num soldado matador programado para servir ao governo em missões secretas contra inimigos nos mais variados locais e países.

Al Pacino, em *O recruta*, é um experiente instrutor da CIA, porém tem suas fraquezas e desilusões com o sistema e as questões financeiras envolvidas no mundo da espionagem. Ele decide atrair para sua equipe um jovem ambicioso que julga lhe dever favores e o usa como instrumento para atingir seus planos de retirada lucrativa sem deixar provas do seu envolvimento.

3.4 COMO OS DADOS CIRCULAM PELO PLANETA

Essa é, como sabemos, uma atividade historicamente existente e que nunca irá acabar. Sempre haverá alguém vulnerável e corruptível financeira, moral ou eticamente para fazer esse trabalho. Não temos dúvidas disso; é uma constatação histórica irrefutável e não há como fugir dela por mais surpreendente que seja o indivíduo que aceitou fazer parte desse jogo perigoso. Portanto, o que nos interessa é saber como neste novo mundo digital das redes sociais, da Web 3.0, da hiperconcorrência e do *big data*, essas forças negativas e vulneráveis da natureza humana irão se expressar e eventualmente nos atingir.

3.5 INTELIGÊNCIA COMPETITIVA

Entendemos, de uma forma madura, que no universo capitalista em que vivemos é necessário observar o que os concorrentes estão fazendo pela sobrevivência dos negócios e vantagem competitiva das empresas. Busca-se um formato legal (sem os atos invasivos, obviamente, de *hacking* ou roubo/vazamento de informações internas), visando coletar de forma legítima, por meio de dados públicos, o máximo de informações dos concorrentes diretos – através dos sofisticados algoritmos das modernas soluções de *big data*.

Esclarecendo as nomenclaturas:

a) **Espionagem** envolve, portanto, uma atividade governamental ou individual para a obtenção de informações consideradas secretas ou confidenciais sem a permissão do proprietário ou administrador da mesma. É uma atividade inerentemente clandestina e não reconhecida como legítima, uma vez que é dado como certo que é indesejável e, em muitos casos, ilegal e punível por leis. Está em geral associada à atividade de países e governos.

b) **Espionagem industrial**, associada à obtenção de informações ou segredos corporativos (como no filme *Duplicidade*). É o trabalho do espião (ou agente de espionagem). Ciberespiões podem, portanto, encontrar todos os tipos de dados e informações sobre uma determinada empresa, projeto específico e/ou produto. Como descrevi anteriormente, pode ser feito por meio da infiltração física de elementos treinados ou pelo encontro de dissidentes ou descontentes dentro da força de trabalho do inimigo influenciados a colaborar eletronicamente. Em geral, os espiões cibernéticos necessitam cometer atos invasivos de *hacking* técnico ou engenharia social para atingir seus objetivos de roubo de informações do inimigo ou sabotar suas instalações de alguma forma.

c) **Inteligência competitiva (Competitive Intelligence – CI)** é uma ação contínua de definição, coleta, análise, processamento e distribuição de informações sobre produtos, clientes, concorrentes ou qualquer aspecto do ambiente de negócios necessário para apoiar os executivos e gestores na tomada de decisões estratégicas de uma organização. Pontos-chave desta definição:

    1. Inteligência competitiva é uma prática empresarial ética e perfeitamente legal, ao contrário da espionagem industrial, que é ilegal.

    2. O foco está sobre o ambiente de negócios externo (os concorrentes).

    3. Há todo um processo envolvido nas coletas brutas de informações, convertendo-as em inteligência (através dos algoritmos de *big data*), para, em seguida, serem utilizadas como suporte no processo de

tomada de decisão de negócios. Caso as informações recolhidas não possam ser usadas ou não tenham qualidade para esses objetivos, então não podemos considerá-las como de inteligência, ou seja, excesso de informação não se traduz por mais inteligência.

Outra variante da inteligência competitiva é seu foco como a função organizacional responsável pela identificação prévia de riscos e oportunidades no mercado antes que se tornem evidentes. Os especialistas também chamam esse processo de análises preventivas e/ou pró-ativas. Essa definição chama a atenção para a diferença entre a divulgação de informação factual amplamente disponível (como estatísticas do mercado, relatórios financeiros, notícias de jornais) realizada por instituições como bibliotecas e centros de informação, e a inteligência competitiva, que é uma perspectiva sobre a evolução de eventos destinados a ceder ou conquistar uma vantagem competitiva.

O termo CI pode também ser visto como sinônimo de simples análise da concorrência, mas a inteligência competitiva é muito mais do que analisar os concorrentes; trata-se de descobrir como tornar a organização mais forte e competitiva em relação a todo o seu ambiente e às partes envolvidas no ecossistema de negócios: clientes, concorrentes, distribuidores, alianças estratégicas, novas tecnologias, dados macroeconômicos etc.

d) **Patente** é um conjunto de direitos exclusivos concedidos por um Estado soberano a um inventor ou seu representante por um período limitado de tempo, em troca da divulgação pública da invenção. Uma invenção é, portanto, uma solução para um problema tecnológico específico, podendo ser um produto ou um processo. As patentes são uma forma de propriedade intelectual.

O procedimento de concessão de patentes, as exigências colocadas sobre o titular da patente, bem como a extensão dos direitos exclusivos variam muito entre os países segundo as leis nacionais e os acordos internacionais. Tipicamente, no entanto, um pedido de patente deve incluir uma ou mais reivindicações que definem a invenção como única e inovadora para a solução de determinada questão ou problema. Essas reivindicações devem atender aos requisitos de patenteabilidade relevantes como novidade e não obviedade. O direito exclusivo concedido a um titular na maioria dos países é o de impedir terceiros de produzir, usar, vender ou distribuir a invenção patenteada sem a permissão do seu autor. Nos termos do Acordo da Organização Mundial do Comércio (OMC) quanto aos aspectos dos direitos de propriedade intelectual relacionados com o comércio, as patentes devem estar disponíveis nos estados-membros da OMC para qualquer invenção, em todos os campos da tecnologia, e o prazo de proteção disponível deve ser de no mínimo 20 anos. No entanto, existem variações sobre o que é patenteável de país para país.

Segundo pesquisa apresentada na revista *Exame* de 27 de novembro de 2013[28] (que também comento no Capítulo 5) os ciberataques estão distribuídos desta forma contra os principais setores do mercado (ano de 2012):
 a. Indústria = 24%
 b. Finanças = 19%
 c. Serviços = 17%
 d. Governos = 12%
 e. Outros = 28%

3.6 ATÉ ONDE É POSSÍVEL PROTEGER?

O mercado de segurança digital tem uma grande variedade de produtos e soluções que até então resolveram problemas pontuais e específicos. Na Web 3.0 precisaremos de soluções mais abrangentes e integradas que possam analisar as informações nas múltiplas dimensões envolvidas. Do ponto de vista interno (empresa/governos/áreas militares), as Centrais de Segurança (que migrarão para os *Fusion Centers*, como vimos) têm como objetivo principal perceber a possibilidade de um ataque em formação o mais rápido e eficientemente possível.

Na geração anterior (Web 2.0), excelentes produtos cumpriram essa função ao apresentar aos analistas de segurança desvios e/ou anomalias no volume de tráfego por meio da descrição dos pacotes, protocolos ou aplicações que estariam sendo usadas para atacar, individualmente ou em grupo, um determinado alvo. Numa analogia com a previsão meteorológica, os analistas de segurança tinham um número "x" de horas para reagir àquilo

---

[28] http://exame.abril.com.br/revista-exame/edicoes/1054/noticias/a-guerra-esta-so-no-comeco

que os sistemas indicavam como forte indicativo de um ataque prestes a acontecer. Vimos como os grupos hackers estão muito mais sofisticados, coordenados e poderosos tecnologicamente, de modo que ter uma única visão (dimensão de observação), no caso o tráfego das redes, algo que era um recurso valioso nas versões 1.0 e 2.0 da internet, passou a oferecer uma janela muito restrita de análises e mesmo com ambientes relativamente sofisticados de defesas cibernéticas, empresas continuaram a ser atacadas com sucesso pelos hackers.

Com o progressivo crescimento e complexidades da internet comercial, o fenômeno do *big data*, a disponibilidade mais ampla e acessível de redes de altíssimas velocidades e o número de novas aplicações que diariamente são inseridas na matriz da internet, que analisamos no Capítulo 1, tornou-se inviável aos operadores desses centros (SOCs/SNOCs ou *Fusion*) preparar-se adequada e antecipadamente para defender-se desses ataques apenas pela observação dos registros de anomalias e comportamentos de tráfego e contando com interpretações manuais e/ou humanas para tentar cruzar e analisar tantas informações dessas variadas novas dimensões. Será necessário inserir rapidamente os conceitos de inteligência artificial para a interação máquina a máquina na análise de 100% dos dados, incluindo cada mínimo pacote que cruza as redes para a identificação particular, dentro desses milhões de elementos em trânsito, daquela fração de informação eventualmente associada a um ataque em potencial e suas origens. Precisamos de soluções tecnológicas mais integradas que possam, sem prejudicar o tempo de resposta ou a dinâmica do tráfego entre as partes envolvidas, apresentar aos analistas de segurança (uma nova categoria profissional que deverá atuar em conjunto com os operadores mais táticos da linha de frente) informações previamente processadas pelos algoritmos de inteligência artificial que venham a produzir, de forma mais clara e limpa, poucos, porém sólidos, alertas sobre os possíveis eventos em curso que merecem sua atenção.

A essas novas capacidades tecnológicas de segurança cibernética na Web 3.0 relacionam-se as análises que chamamos de "semânticas" e que abrirão um universo muito rico de possibilidades de análises e cruzamentos prévios de elementos importantes em tempo real e curtíssimo intervalo. Será possível, por exemplo, estabelecer cruzamentos entre conteúdos em redes sociais: tópicos mais ativos e/ou relevantes, tendências atuais e recentes, comunidades e suas localizações associando os autores (identidades digitais e seus perfis e relacionamentos implícitos e explícitos), bem como os serviços e aplicações das redes que estão sendo usados. Os objetivos da segurança serão semelhantes aos da Web 2.0, porém, em razão dos fatores já expostos, sua eficiência e efetividade em termos de tempo e precisão irão tornar-se muito mais relevantes e críticas aos negócios na Web 3.0.

Existem ainda produtos mais específicos no mercado para a solução interna de vazamento de dados das empresas para a internet pública ou um destinatário não autorizado. São conhecidos pela sigla DLP (Data-Loss Prevention). Eles classificam esses arquivos e/ou informações como sensíveis ou sigilosos/as e monitoram em detalhes sua manipulação em termos de quem tem acesso a elas e os movimentos de envio de e-mails ou gravação em pen-drives, alteração, exclusão, manipulação etc. Com isso, buscam bloquear ou interromper um eventual roubo de informação corporativa sensível (que tornou-se também muito comum e aderente ao tema de espionagem industrial que vimos anteriormente) da empresa para o mundo externo. Nesse contexto, existem soluções que chamamos de "resposta a incidentes", que de forma automatizada e instalada nos pontos de borda das redes, determinam quando uma informação sensível foi hackeada e eliminam a vulnerabilidade que permitiu esse acesso não autorizado rapidamente (em segundos ou minutos, contra dias ou semanas). Uma das empresas líderes nesse segmento, a Mandiant, liderada pelo CEO Kevin Mandia, com quem tive a grata oportunidade profissional de conviver e aprender com suas técnicas e experiência entre 2008 e 2009, foi vendida em 3 de janeiro de 2014 por um bilhão de dólares numa transação envolvendo ativos em ações e dinheiro vivo e que demonstrou ao mercado financeiro o valor da segurança cibernética como negócio. Kevin ficou mundialmente famoso em 2013 (sendo capa da revista *Fortune* entre outras) ao desempenhar uma função técnica crítica e ajudar o *The New York Times* a rastrear e identificar hackers chineses que estavam ativos nas suas bases de dados e sistemas. Como ponto relevante dessa aquisição e aderente ao foco e objetivo desta obra, destaco a fala do Allan Friedman, um estudioso de segurança cibernética da Brookings Institution e da Universidade George Washington: "Se tivéssemos de ser otimistas sobre 2014, poderíamos dizer que os conselhos de administração das empresas finalmente vão prestar atenção nos riscos da segurança cibernética." Ele complementa dizendo que talvez muitos CEO/CFOs comecem a receber telefonemas como: "O que estamos fazendo a respeito disso?"

Outra tecnologia desenhada para forçar o seguimento das políticas de segurança e privacidade dos dados e também impedir o roubo de dados internos por parte de elementos dissidentes ou descontentes é estruturar camadas ou classificações para cada documento digital além dos perfis dos usuários envolvidos. Em algumas áreas do governo americano existem iniciativas para estabelecer cinco níveis de criticidade para todos documentos digitais, a saber:

1) *Top Secret* (supersecreto)
2) *Secrect* (secreto)
3) *Confidential* (confidencial)
4) *Restricted Access or Limited* (acesso restrito ou limitado)
5) *Public* (público)

A administração pública está evoluindo na adoção e na expansão de sistemas de classificação digital de cada informação e documentos para que a circulação interna (via e-mails) tenha uma estrutura nativa a cada documento de acordo com seu nível de criticidade. Portanto, o caminho ascendente é permitido (de público para supersecreto), porém o descendente é controlado (e, em muitos casos, bloqueado em princípio pelas regras) pelas cinco categorias.[29] Portanto, se um determinado indivíduo planejar no futuro "vazar" ou "roubar" uma informação através de e-mails ou gravação em pendrives, e esses documentos estiverem classificados como supersecretos, esse sistema, que funciona como um *Hardware Wall* interno, irá interromper a ação e gerar um alerta de violação de políticas à administração do ambiente. Em outras palavras, alguém infiltrado (um espião, como vimos) ou dissidente/descontente (delator e/ou traidor) planeja uma ação de cópias de arquivos secretos ou supersecretos, porém, ao fazê-la, traz para esse grupo as *tags* de classificação de cada documento em particular. Ao tentar enviar um e-mail para um usuário com classificação inferior ou rede classificada também com nível de segurança inferior, a ação não será possível, pois o *Hardware Wall* irá bloquear o envio por violar as políticas. É uma maneira mais robusta de aumentar as defesas da segurança e proteção – por meio desse ambiente isolado que valida o tráfego de informações –, porém

---

[29] Você poderá encontrar outras classificações mais compactas, em três níveis: supersecreto, secreto e não classificado.

mais eficiente e sólida que várias outras possibilidades e alternativas. Essa opção pode ser configurável e modulada para permitir a interligação de várias classificações, programas, compartimentos e países, além da integração aos sistemas e fluxos de trabalho existentes. Ela permite o desenvolvimento local de conjuntos de regras e integração de aplicações, assim como incorpora revisão de conteúdos, rotulagem dos dados, trilhas de auditoria, alta velocidade e taxas de transferência no sentido único e escalas para replicação dos dados.

3.7 HAVERIA ALGUMA INFORMAÇÃO IMPOSSÍVEL DE OBTER?

Ataques e intrusões externas orquestradas por grupos de hackers atuando em equipes ou pequenas células nas mais diversas partes do planeta, bem como as fraudes internas diversas, poderão e irão continuar a ocorrer, não temos dúvidas a respeito disso. Como vimos, uma combinação da análise completa dos pacotes de dados que trafegam pelas redes por algoritmos de inteligência artificial e diálogos (até a camada sete) ultrarrápidos máquina a máquina, além dos registros e acompanhamento dos conteúdos e usuários em tempo real (dados quentes), poderão mitigar ou mesmo reduzir bastante esses riscos. De acordo com pesquisa feita pela empresa americana VidSys, Inc. e publicada no início de 2014, o fator mais importante a inibir muitas empresas e agências governamentais de adotar soluções tipo PSIM ou outras tecnologias de segurança cibernética permanece sendo as restrições orçamentárias. De acordo com a pesquisa, 46% dos entrevistados (mais de 200 executivos de segurança física e lógica/*cyber*) disseram que o orçamento insuficiente foi o principal obstáculo para fazer evoluir seu departamento de segurança no próximo ano e no horizonte de 18 meses. No entanto, foi a primeira vez na história da pesquisa que esse número em termos percentuais diminuiu significativamente.

Seria incorreto apenas creditar a falta de orçamento às vulnerabilidades atuais existentes nas empresas e governos que serão penalizadas fortemente pela Web 3.0 com sérios prejuízos. No Capítulo 5 apresento uma série de seis casos recentes, sendo que em um deles (o da rede varejista Target) os prejuízos diretos e indiretos do incidente poderão ultrapassar pela primeira vez o patamar de um bilhão de dólares. Normatizando dados das várias pesquisas publicadas na virada 2013/14, é seguro (embora extremamente desapontador para a região da América Latina) afirmar esses grandes números (projeções para um período de 10 anos) para investimentos em *cybersecurity* entre os principais mercados/continentes:

1) América do Norte = U$ 93,6 bilhões
2) Europa = U$ 24,7 bilhões
3) Ásia (Pacífico) = U$ 23,2 bilhões
4) Oriente Médio = U$ 22,8 bilhões
5) América Latina = U$ 1,6 bilhões

O leitor poderá observar um equilíbrio consistente entre a Europa, a região da Ásia (Pacífico) e o Oriente Médio, enquanto há uma imensa e decepcionante discrepância para a região da América Latina. Em termos relativos, os números mostram que toda a região investirá apenas 1,7% em relação à América do Norte (onde está o maior mercado, os Estados Unidos, com cerca de 90% desses números entre o setor militar e privado) e cerca de 6,89% do valor na Ásia (Pacífico). Como será possível para as empresas e os governos dessa região competir em igualdade de condições tecnológicas com tamanha discrepância orçamentária? Apenas em uso militar, o governo inglês, por exemplo, com o seu Strategic Defense and Security Review (SDSR), anunciou em 2010, a alocação orçamentária de seis bilhões de dólares para planos em segurança cibernética! Anúncios similares têm sido feitos pelos países do G-8. As maiores economias da região Latino Americana (Brasil e México), caso seus governos queiram de fato participar como economias emergentes pulsantes e crescentes do mercado mundial, simplesmente não mais poderão se manter tão tímidos, acanhados e incipientes programas de segurança cibernética. Como vimos desde o Capítulo 1, as armas cibernéticas estão em sua infância e deverão evoluir rapidamente nesta próxima década. Portanto, os países do G-8 estão dedicando recursos crescentes para poder combater com eficiência as ameaças virtuais complexas por meio de defesas avançadas e capazes para manter suas posições econômicas de liderança e competitividade.

As projeções anualizadas indicam a alocação desses orçamentos de acordo com esta ordem e volumes:

REGIÃO	2013	2014
América do Norte	US$ 6,3 bilhões	US$ 10,1 bilhões
Europa	US$ 1,5 bilhões	US$ 3,4 bilhões
Ásia (Pacífico)	US$ 1,4 bilhões	US$ 3,3 bilhões
Oriente Médio	US$ 1,9 bilhões	US$ 2,4 bilhões
America Latina	US$ 88 milhões	US$ 214 milhões

Vimos aqui que em um ambiente de hipercompetitividade as antigas técnicas de espionagem industrial associadas à legítima prática de inteligência competitiva terão uma tênue diferenciação, porém serão ultra-agressivas na busca de informações relevantes de concorrentes e governos. Com a expansão da convergência dos negócios para plataformas digitais da internet (IP), o exponencial crescimento dos acessos via dispositivos móveis *versus* computação fixa, da entrada no mundo IP de populações em países menos desenvolvidos e a nascente nova fronteira digital de usuários/acessos via dispositivos tipo Glass e *smartwatches* – que o mercado chama de "internet das coisas" (Capítulo 5) – são fantásticos exemplos do crescimento do lado positivo da internet que todos admiramos e lutamos para manter. Por outro lado, teremos múltiplas novas portas de entrada através de qualquer um desses dispositivos que passam a estar na matriz e, portanto, atuar com um condutor em potencial às grandes bases de dados e sistemas internos. Veremos nos capítulos seguintes como vários dos ataques recentes ocorreram e sua dinâmica desde a construção até sua efetiva execução.

Novamente o caso da Target nos traz uma quebra de paradigma por ter ocorrido através de terminais (similar em meados de 2014 de outra grande rede varejista chamada "The Home Depot") – os caixas das suas 1.987 lojas (POS – *points of sale*, pontos de venda), das quais não se tinha percepção de vulnerabilidade crítica. Logo no início de 2014 (dia 2 de janeiro, às 15h48), o CERT-US (Center of Emergency Response Team) emitiu um alerta crítico ao mercado de segurança a respeito dessa vulnerabilidade sob o título de TA14-002A: Malware Targeting Point of Sale Systems, descrevendo-a em detalhes e sugerindo rápidas recomendações para corrigir os milhões de terminais pontos de venda em todo mundo. É um fato relevante para considerarmos, pois, talvez, em algum momento do futuro imediato, teremos outro grande ataque violento como esse, iniciado por um dispositivo aparentemente trivial de consumo como um relógio inteligente ou mesmo um óculos tipo *Glass*, pois, para os hackers, como explico sempre, não importa por onde o ataque irá se iniciar, desde que atinja os objetivos.

Este novo paradigma exigirá maturidade dos gestores em prover recursos adequados e suficientes para as áreas de segurança e gestão das redes de sistemas modernos e uma altíssima capacidade de adaptação a essas variáveis dinâmicas de mercado. O lento tempo de decisão dos gestores e sua persistente inércia em investir em tecnologias de segurança cibernética hoje é um fator de vantagem para os grupos hackers que temos de reduzir, sempre perseguindo o objetivo da igualdade de condições.

4

EDUCAÇÃO, ÉTICA E COMPORTAMENTO

Essa é uma extensa pauta que poderia por si só render um livro à parte tamanha a quantidade de temas a analisar e discutir nessas três grandes dimensões. Nas palestras em escolas que tenho feito, tanto nos professores quanto nos pais é visível a ansiedade por entender melhor a dinâmica do universo digital, uma marca da diferença de gerações. Invertem-se então os papéis: os filhos, nascidos como "nativos digitais" (como menciono em *Risco digital*), neste momento têm e acrescentam muito mais conhecimentos diários dos que seus superiores – pais, professores e diretores – são capazes de absorver.

4.1 ASPECTOS PREOCUPANTES NA EDUCAÇÃO: *CYBERBULLYING*

A situação anterior cria uma desconfortável perturbação que os jovens com inclinações negativas diversas exploram contra seus colegas menos preparados socialmente para administrar as perseguições, provocações e ameaças diárias, bem como afrontam a linha de poder que deveria ir dos professores para os alunos. Crescentes taxas de abandono escolar estão ocorrendo em várias partes do mundo devido ao *cyberbullying*, enquanto as pesquisas referentes aos níveis de redução do aproveitamento escolar devido a esses problemas que se instalam, mais frequentemente no nível secundário, ainda são muito imprecisas. Não há muitos relatos críticos de episódios similares no ambiente universitário, quando os jovens já ultrapassaram essa fase turbulenta natural da adolescência. Por outro lado, não seria correto afirmar que é um problema restrito apenas a essa faixa etária por termos ocorrências similares em ambiente profissional, porém com outras conotações, consequências e fatores emocionais envolvidos, bem como, e infelizmente, nas escolas de nível fundamental. A escola secundária torna-se, portanto, o local (inesperado e não estruturado) onde essas realidades confrontam-se, e não é por acaso que os casos recentes de *bullying* tenham ocorrido nessa faixa etária e local.

Quando estive na Filadélfia em outubro de 2013 para uma conferência anual entre chefes de polícia, exatamente na semana de 21 de outubro, casos fatais ocorreram, e pude sentir mais de perto, conversando com meus colegas, o quão chocante tornou-se essa realidade para todas as gerações. Esse é agora um problema de ramificações complexas, não mais apenas restrito a escolas e psicólogos, mas constante nas áreas policiais e jurídicas. Penso que muitos pais ficarão perturbados com tais fatos (são fatos públicos, mas talvez você não tenha tido tempo ou recebido uma explicação adequada pela imprensa do seu país), porém é necessário descrevê-los em linhas conceituais para visualizar os grandes perigos a que nossos jovens e adolescentes estão expostos neste momento. A Web 3.0 tem as características intrínsecas para exacerbar essas questões preocupantes, e penso que seria necessário escalar o tema para a dimensão do Ministério da Educação de cada país (com apoio e colaboração da justiça) pela sua gravidade e perigos para toda a formação dos nossos jovens. Noto, por exemplo, que certa escola A esforça-se em adotar um modelo (talvez seguindo uma linha internacional), porém em outra escola, a B, existe um modelo diferente, de forma que não há alinhamento pedagógico nessa questão. Confusão e incoerência acentuam nessas jovens mentes fortes aspectos negativos de frustração, baixa autoestima e ansiedade, em que o meio digital passa a funcionar como uma "válvula de escape" aparentemente simples e fácil de usar para começar as "revanches" que, como vimos, na internet (ao contrário do antigo mundo físico), nunca mais podem ser eliminadas, apagadas ou esquecidas, criando situações verídicas terríveis que até mesmo os melhores roteiristas e diretores de filmes de terror teriam dificuldades em conceber, tamanhos os níveis de crueldade e perversidade.

Esses cinco casos mais recentes possuem similaridade à tragédia de 14 de dezembro de 2012 na escola elementar Sandy Hook, na cidade de Newtown, Connecticut, onde 26 pessoas (20 crianças e seis adultos) foram mortos a tiros por um jovem de 20 anos, Adam Lanza. O atirador tinha o mesmo perfil dos garotos dessa idade, exibindo um comportamento isolado e distante no mundo real, embora sem histórico de violência (brigas ou disputas), mas que em um determinado momento cometem esses atos extremos, em parte facilitados pelo livre porte de armas nos Estados Unidos e pela ilusão mental das centenas de horas nos videogames de guerras, lutas e combates. Na vida real, porém, apenas se vive uma única vez.

4.1.1 Caso 1: Tiroteio na escola secundária de Sparks, estado de Nevada, em 23 de outubro de 2013

O atendente do serviço 911 recebe uma ligação desesperada: "Tem uma criança baleada caída no chão." Este telefonema nos introduz a mais uma tragédia: um menino de apenas 12 anos matou a tiros seu professor de matemática da 7ª série e feriu outros dois estudantes antes de se suicidar no dia 23 de outubro de 2013.

O xerife do condado distrital de Washoe, Mike Mieras, descreve esta caótica sequência: "Primeiro ele dispara contra um colega de classe no ombro, depois aponta sua arma para o professor de matemática Mike Landsberry, atingindo antes dele outro estudante no abdômen. Depois atira contra si mesmo e dispara sua pistola Ruger 9 mm semiautomática até a morte."

Landsberry caminhou até o atirador em uma quadra de basquete no playground após o primeiro aluno ter sido atingido, salvando vidas, de acordo com as autoridades e testemunhas.

"A ação heroica do sr. Landsberry, marchando em direção ao atirador (um menino de 12 anos), criou tempo útil e fundamental para que os outros alunos na área de recreio pudessem fugir", disse o xerife Mieras.

"Acho que ele estava sofrendo *bullying*." Esta frase é de um estudante da escola secundária de 13 anos, Kyle Nucum, dita numa entrevista à CNN, que afirmou ter visto faíscas e que não sabia quem era o atirador, mas correu para se esconder depois de vê-lo atingir Landsberry. Quando ele fugiu, pôde ouvir gritos do atirador, segundo seu relato: "Ele estava gritando um monte de coisas enquanto todos estavam correndo", disse Nucum. "Ele estava gritando coisas como: 'Por que você está rindo de mim? Por que está fazendo isso comigo?'"

Segundo relatos, um dia antes, uma segunda-feira, o menino parecia ser totalmente o oposto de um potencial atirador de escola. "Ele era realmente um bom garoto", disse sua colega de escola Amaya Newton. "Ele fazia você sorrir mesmo quando estava tendo um dia ruim."Amaya finaliza: "Eu o vi ficar intimidado algumas vezes, e acho que estava sendo perseguido por *bullying*."

O professor de matemática morto, Mike Landsberry, era uma pessoa muito querida pela comunidade daquela cidade. Tendo sobrevivido ao Afeganistão, onde serviu como ex-fuzileiro naval, correu para ajudar os outros quando os tiros começaram a ser disparados naquela manhã. O sr. Landsberry era nativo de Alabama, formou-se no colegial em Reno em 1986 e, depois de sua passagem pelo Corpo de Fuzileiros Navais, recebeu um diploma de ensino da Universidade de Nevada. Ingressou na Guarda Aérea Nacional em 2001, chegando ao posto de sargento mestre e servindo como especialista de carga no Kuwait e no Afeganistão. Uma página em sua homenagem no Facebook criada no início daquela terça-feira com os dizeres: *Rest Easy Mr. Landsberry* (Descanse em paz, sr. Landsberry) alcançou mais de 10.000 curtidas no mesmo dia, chegando a quase 20.000 em janeiro de 2014.

4.1.2 Caso 2: Rebecca Sedwick, de 12 anos, comete suicídio ao saltar de um prédio abandonado, em 9 de setembro de 2013

Andrea De Michael, de 14 anos, foi presa e acusada de assédio agravado, que supostamente teria levado ao suicídio de sua colega de classe por causa de um polêmico *post* no Facebook.[30] Autoridades disseram que essa menina de 14 anos estava atormentando continuamente Rebecca, em um episódio de assédio moral que se iniciou com um *post* no Facebook e deu origem a toda uma série de troca de insultos e ofensas (assumidos por Andrea), que pareciam envolver temas típicos da adolescência entre meninas: neste caso, a disputa por um rapaz.

A mãe da vítima classificou essas prisões como o melhor presente de aniversário que sua filha, que completaria 13 anos naquele final de semana, poderia ter recebido. "Porque a justiça está sendo feita finalmente", disse a mãe, Tricia Norman, à CNN. "Alguma coisa está finalmente sendo feita sobre essas meninas que estão cometendo *bullying*", afirmou ela. Isso é tudo o que ela sempre quis, alguém que ouvisse e fizesse algo sobre isso."

---

[30] http://edition.cnn.com/2013/10/15/justice/rebecca-sedwick-bullying-death-arrests/

O delegado encarregado do caso afirmou que Andrea estava chateada porque Rebecca teria tido um encontro com seu atual namorado, e por esse motivo (fútil na nossa visão adulta, mas crítico nessa faixa etária) começou o assédio moral por mais de um ano, quando ambas eram estudantes de uma escola da Flórida.

Ela teria recebido mensagens ameaçadoras de Andrea, como "Você deve morrer" e "Por que você não se mata?", disse o delegado. Na noite anterior ao seu suicídio, Rebecca enviou mensagens de texto a um amigo virtual, dizendo: "Eu vou pular. Não consigo mais aguentar." Andrea está presa em um centro de detenção juvenil enquanto aguarda julgamento, de acordo com as leis da Flórida para essa situação.

4.1.3 Caso 3: Polícia prende menina de 15 anos acusada de cyberbullying no estado da Flórida, em 8 de novembro de 2013

A polícia da cidade de San Petersburg, Flórida, prendeu uma menina de 15 anos que enviou centenas de mensagens de texto ameaçadoras para três outras meninas da mesma idade. Muitos desses textos/*posts* tratavam de temas associados a ameaças de morte.

4.1.4 Caso 4: Polícia do estado de Nova York inicia investigações de alegações de bullying antissemita, em 9 de novembro de 2013

O governador do estado, Andrew Cuomo, instruiu uma investigação conjunta entre a polícia do estado e a Divisão dos Direitos Humanos para investigar acusações de *bullying* antissemita nas escolas de Nova York. "Os informes de crescentes ameaças e intimidações antissemitas e ataques físicos às escolas do grupo Pine Bush, se confirmados, serão extremamente perturbadores", afirmou o governador Cuomo. Ele continua: "Aqui no estado de Nova York, temos tolerância zero para a falta de aceitação ou ódio com base na origem religiosa ou étnica de alguém, e por isso tenho direcionado a polícia do estado e da Divisão de Direitos Humanos para uma investigação completa sobre as circunstâncias em que aconteceram esses atos". Esse pronunciamento foi feito após reclamações e um processo ter sido aberto por cinco estudantes da unidade Pine Busch Central School District por terem sido vítimas de *bullying* e ameaças, de acordo com seu advogado, Ilann M. Maazel. Após várias intimidações online, esses alunos afirmam terem sofrido vários atos de violência e tortura física nas próprias instalações da escola.

4.1.5 Caso 5: Ally Del Monte, após ter suportado anos de bullying, decide montar um site e um blog para ajudar outras vítimas

"Eu não conseguia escapar." Após experiências perturbadoras, essa menina de 14 anos, da cidade de New Milford, Connecticut, decidiu criar o blog *Loser Gurl* (Garota Perdedora) com o apoio da família, para, de alguma forma, compartilhar suas experiências e ajudar outras meninas.[31]

Ela havia sido bem aceita até a sexta série, mas teve um atrito com uma garota popular da escola o que a deixou isolada, sofrendo provocações constantes nos corredores e vestiários da escola.

As provocações acentuaram-se e viraram agressões físicas. "Elas me enfiavam em armários, como se fossem me amassar e empurrar na escada", escreveu Ally em um CNN iReport. O assédio continuou fora da escola por meio de telefonemas, muitas vezes vários em uma semana, às vezes duas vezes em uma única noite.

Sua mãe, Wendy Del Monte, tentou de várias formas intervir junto a escola, e atualmente ajuda Ally em todos os movimentos online e por mídia social, além de lhe apoiar no blog e site. Cerca de 60 meninas compartilham suas experiências de *bullying* recentes.

Nos períodos mais agudos, Wendy levou Ally para sessões de terapia e aconselhamento, e sua família esteve sempre por perto para lhe dar apoio. Quando não está na escola, Ally fica em casa com a família ou na companhia de um conselheiro alocado para lhe prestar assistência social. Um de seus mais recentes *posts* diz "Eu sobrevivi! Vou para o ensino médio."

Como profissional e pai, observo o caso de Ally por dois aspectos: por um lado, ela teve coragem em assumir a situação de perseguição por *cyberbullying* e criar o site que poderá ajudar potencialmente outras meninas em situação similar, o que naturalmente é muito positivo. Porém, não podemos esquecer de que Ally é ainda uma menina de apenas 15 anos e tem toda uma vida pela frente. Na era pré-digital, uma situação como essa, de depressão ou problemas de adolescência, seria tratada durante um determinado período e,

---

[31] http://ireport.cnn.com/docs/DOC-1047896

após alguns anos, nos casos positivos, teria ficado no passado de Ally, sua família, parentes e amigos próximos. Na era digital, porém, esses fatos jamais deixarão de estar associados a ela. Quando ela atingir a idade adulta, tiver se graduado e em seu ambiente de trabalho, alguém irá – apenas com alguns cliques – trazer toda essa história de volta. Esse *"curriculum* digital", se assim poderíamos chamar, estará vinculado a Ally Del Monte por toda sua vida, não importa o que ela faça a respeito.

No meu processo de pesquisas para este livro, encontrei muitos outros estudos, grupos de trabalho em escolas de ensino médio, além de vários fatos recentes relevantes a respeito deste desagradável e controvertido tema, que, de toda maneira, os pais e educadores têm de enfrentar diariamente. O *cyberbullying* entre amigos ou novos colegas numa aparente saudável amizade física também é muito mais comum do que se poderia imaginar. Em um estudo recente conduzido pela professora de psicologia, fundadora e diretora do Centro de Redução de Agressões de Massachusetts, da Universidade Bridgewater State, 30% dos jovens na faixa dos 18 anos afirmam terem sofrido experiências de *bullying* de colegas ao menos uma vez. Seus estudos revelam que alguns adolescentes são mais vulneráveis ao *bullying* por não estarem bem adaptados ao ambiente social da escola, demonstrarem mais sinais de ansiedade e depressão, além de terem dificuldade em fazer novos amigos.

4.2 COMPORTAMENTO E CONSUMO

Incríveis e fascinantes possibilidades estarão consolidadas e em pleno uso diário por milhões de usuários da Web 3.0 associadas ao entretenimento e consumo de produtos de massa. Um bom indicador de validação dessa premissa que venho acompanhando são os múltiplos lançamentos de produtos de consumo ligados à internet na maior feira de eletrônicos de consumo, a CES (Consumer Electronics Show), em Las Vegas, Nevada, em janeiro de 2014.[32]

4.2.1 "Internet das coisas" (IoT = Internet of Things) em todos os lugares e momentos do cotidiano

À medida que as empresas de tecnologia e produtos de consumo (eletrônicos e eletrodomésticos) começaram a anunciar protótipos de pesquisas nesta

---

[32] http://www.cesweb.org/home

área, foi criada essa nova denominação ou segmento de mercado. Talvez você encontre essas classificações associadas aos termos no inglês *wearable tech* ou *internet of things*. Recentemente, o CEO da Intel, Brian Krzanich, fez várias declarações relevantes nesta direção: "Na maior parte da minha carreira, a computação tinha a ver com alguma coisa que você segurava com as mãos ou talvez estivesse no seu bolso ou na sua mesa de trabalho." Essa ideia está prestes a ser transformada.

A respeitada revista *Wired*, na sua edição de dezembro de 2013, publicou uma excelente e extensa matéria sob o título: "*Why Wearable Tech Will Be as Big as the Smartphone*"[33] ou "Por que a tecnologia usável será tão grande quanto o smartphone". Destaco alguns tópicos que são igualmente empolgantes em relação a esse novo segmento:

- O *Google Glass* (sobre o qual comentei no Capítulo 1) será apenas o início. Toda uma nova geração de tecnologias usáveis conectadas à internet estará chegando ao mercado e irá transformar o modo como interagimos e experimentamos o mundo.

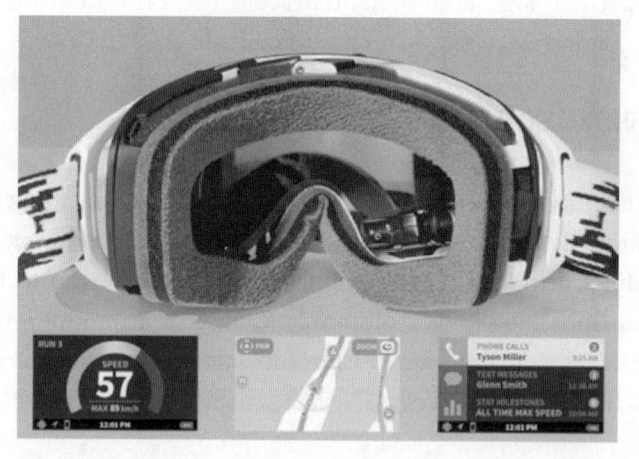

Mostrador de um modelo tipo *Glass* especial projetado para esquiadores, produzido pela empresa Recon Instruments, uma das várias pequenas, porém inovadoras, deste novo segmento. Nesta tela o atleta pode avaliar sua rota, altitude, velocidade, aceleração (em relação a suas médias), receber mensagens e notificações, além de fazer ligações por Bluetooth.

---

[33] http://www.wired.com/2013/12/wearable-computers/

- O novo relógio inteligente da Samsung, chamado Galaxy Gear, tem uma engrenagem impressionante, com sua brilhante tela sensível ao toque de 1,6 polegadas, câmera de 1.9 megapixels na parte lateral da pulseira, e interação de voz como nos filmes de *Dick Tracy*. Ele pode responder a mensagens de texto, adicionar um compromisso na agenda no calendário, criar um contato e muito mais. Aqui vemos muitas das funções que hoje usamos nos smartphones.

Smartwatch foi anunciado ao mercado pelo CEO da Apple num grande evento em San Francisco em 09-Setembro-2014. Sua chegada ao mercado mundial e Brasil irá acontecer a partir do ano de 2015.

- Outro ecossistema improvável há poucos anos está se formando para melhor sensibilizar os consumidores de produtos de massa, neste caso, a aliança de grandes *players* da indústria de moda com os fabricantes de tecnologia. A Apple fez um movimento interessante nesta direção, contratando recentemente executivos de empresas de alto luxo, como Burberry, Levi Strauss & Co. e Yves Saint Laurent para sua nova divisão de projetos especiais que, imagino, será a responsável por desenvolver e colocar no mercado produtos de alta tecnologia mantendo a aura elegante da marca Apple, além do *clean design* que Steven Jobs, com sua genialidade, associou à marca.

É muito provável que até o início de 2014 você ainda não tenha ouvido falar de uma empresa chamada Nest Labs, que produz algo que muito provavelmente também foge ao seu conhecimento: os termostatos* inteligentes. Mas o Google investiu 3,2 bilhões de dólares nessa aquisição dentro da sua agressiva estratégia para sua nova linha de produtos que citei. Como esse dispositivo estará no interior de milhões de residências em breve conectadas à internet será coerente imaginar debates sobre variações das questões de privacidade de que tratamos em capítulos anteriores, porém, neste caso, situando-se no limiar entre o físico e o digital.

O mesmo Google também adquiriu outra empresa para o mercado de drones, a Boston Dynamics, fabricante de um robô quadrúpede capaz de correr mais rápido do que o homem mais veloz do mundo, demonstrando uma tendência mais concentrada na área de robótica (sete empresas adquiridas nos últimos meses de 2013). Ela age no sentido contrário ao da Amazon, por exemplo, que dedica grandes recursos e pesquisas para a evolução dos drones.

Curiosamente, com toda a movimentação das grandes empresas em investimentos pesados para adquirir novos ativos para a "internet das coisas" no início de janeiro de 2014, pela primeira vez, e de forma comprovada, temos a notícia de um ataque de hackers usando um grupo de computadores co-

---

* O termostato inteligente desliga sozinho quando não há alguém em casa, para evitar o desperdício de energia elétrica. Pode ser controlado pelo smartphone e obedece a comportamentos específicos de climatização de ambientes.
Matéria completa: http://canaltech.com.br/noticia/gadgets/Google-inicia-venda-dos-termostatos-inteligentes-Nest/#ixzz3FmBajAK5
O conteúdo do Canaltech é protegido sob a licença Creative Commons (CC BY-NC-ND). Você pode reproduzi-lo, desde que insira créditos COM O LINK para o conteúdo original e não faça uso comercial de nossa produção.

nectados (*botnets*) através de uma "geladeira inteligente". A figura anterior ilustra a inserção física do ser humano no virtual/digital e a comunicação intrínseca entre essas duas dimensões. Nesse caso, os hackers invadiram mais de 100 mil dispositivos de consumo diário, como roteadores das redes residenciais, centrais de multimídia conectadas, televisores e pelo menos uma geladeira, segundo a empresa Proofpoint.[34] Eles usaram os objetos para enviar mais de 750 mil e-mails maliciosos para empresas e indivíduos em todo o mundo. Os hackers não têm de ser incrivelmente inteligentes para invadir eletrodomésticos. Muitas vezes eles ganharam acesso porque a maioria dos donos desses dispositivos não os configura corretamente, usando senhas óbvias e/ou ficando com o código-padrão que vem com o dispositivo. A grande lição desse evento, que irá certamente iniciar toda uma série de ataques com variantes similares, é tratar esses e todos os demais dispositivos inteligentes a serem conectados à internet como realmente são de fato, um novo ponto da rede pelo qual invasores podem obter acesso direto ou indireto, como neste caso, para usá-los como emissores dos milhares de e-mails com *malwares*.

Justifica-se que, como humanos, temos o costume natural de observar no mostrador de um relógio várias informações que mais recentemente foram incorporadas nos smartphones. O mercado de eletrônicos de consumo acredita e investe nesta tendência (hábito), e muitas das funções que temos hoje nos celulares estarão adaptadas aos novos *smartwatches*.

Na área de saúde e *fitness*, por exemplo, temos uma infinidade de novos produtos "usáveis" aderentes às possibilidades de extensão da vida saudável (conceito de *anti-aging*) por parte da geração com poder econômico conhecida nos Estados Unidos como *baby boomers* (aqueles nascidos no pós-guerra e que experimentaram uma vida com as melhores condições econômicas possíveis em relação a conforto e comodidade). Essa geração começa a ultrapassar os 60 anos, porém pretende manter seus níveis e privilégios de qualidade de vida. Em paralelo a essa geração, pessoas maduras, mas em idade produtiva, desejam manter seus níveis de vitalidade e corpo/mente saudáveis para revertê-los diretamente em maiores conquistas no âmbito profissional.

---

[34] http://www.businessinsider.com/hackers-use-a-refridgerator-to-attack-businesses-2014-1 # ixzz2qh1ygjii

ENTENDENDO O MERCADO DE PRODUTOS "USÁVEIS" PARA SAÚDE E FITNESS

Principais indicadores de mercado

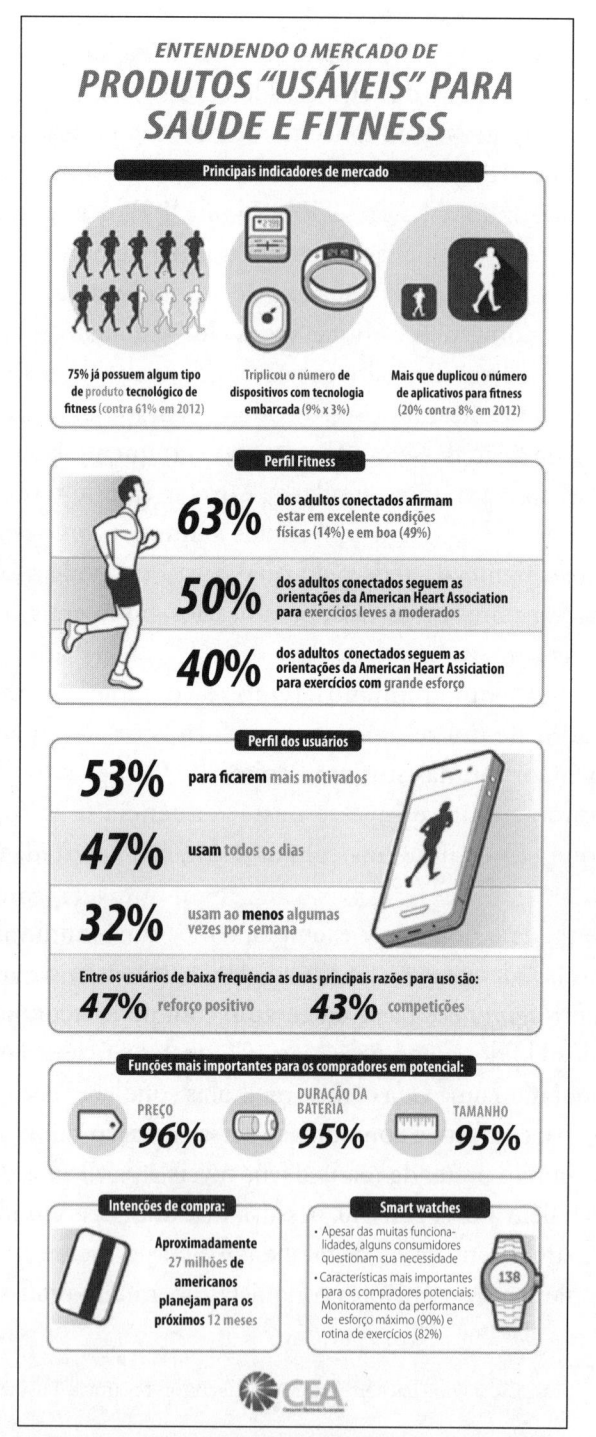

- **75% já possuem algum tipo de produto tecnológico de fitness** (contra 61% em 2012)
- **Triplicou o número de dispositivos com tecnologia embarcada** (9% x 3%)
- **Mais que duplicou o número de aplicativos para fitness** (20% contra 8% em 2012)

Perfil Fitness

- **63%** dos adultos conectados afirmam estar em excelente condições físicas (14%) e em boa (49%)
- **50%** dos adultos conectados seguem as orientações da American Heart Association para exercícios leves a moderados
- **40%** dos adultos conectados seguem as orientações da American Heart Assiciation para exercícios com grande esforço

Perfil dos usuários

- **53%** para ficarem mais motivados
- **47%** usam todos os dias
- **32%** usam ao menos algumas vezes por semana

Entre os usuários de baixa frequência as duas principais razões para uso são:
- **47%** reforço positivo
- **43%** competições

Funções mais importantes para os compradores em potencial:

- PREÇO **96%**
- DURAÇÃO DA BATERIA **95%**
- TAMANHO **95%**

Intenções de compra:
Aproximadamente 27 milhões de americanos planejam para os próximos 12 meses

Smart watches
- Apesar das muitas funcionalidades, alguns consumidores questionam sua necessidade
- Características mais importantes para os compradores potenciais: Monitoramento da performance de esforço máximo (90%) e rotina de exercícios (82%)

CEA

Fonte: http://www.ce.org/Blog/Articles/2014/January/2014CES/Digital-Health-and-Fitness-Tech-is-on-the-Move-at

Esta não é apenas mais uma tendência consumista norte-americana. Por exemplo, na Índia, em uma pesquisa recente da empresa de consultoria Accenture chamada *Accenture's Digital Consumer Tech Survey 2014*, foram demonstrados outros indicadores:

- 80% dos usuários na Índia estão interessados em comprar monitores *fitness* inteligentes;
- 76% querem comprar *smartwatches*; e
- 74% se interessam por dispositivos similares ao *Glass* do Google.

Essa tendência está tão forte na CES de 2014 que foi criada a *Fitness Tech–Tech Zone* com mais de uma centena de produtos, serviços e soluções conectadas à internet para atividades *indoor* e *outdoor*, além de um programa de dois dias de palestras e apresentações dos líderes desse mercado. Podemos observar como marcas esportivas que usamos no nosso dia a dia, uma área específica entrelaçam seus caminhos e soluções com o mundo de tecnologia, criando um ecossistema completamente inédito que seria inconcebível apenas há poucos anos.

4.2.2 Carros cada vez mais inteligentes

Imagine um carro tão inteligente que consiga conhecer os mapas que você precisa em determinado local e os apresenta em uma tela (como na figura anterior) ou efetua um ligação automática para seu smartphone. Tudo isso assim que você senta e coloca as mãos na direção! Um carro capaz também de lhe oferecer uma sugestão das músicas de que você mais gosta naquele horário, local específico ou dia do mês, ou recentemente ouvidas, por exemplo, por meio de um acesso automático à sua área na nuvem!

Nesse setor, outro ecossistema improvável há poucos anos também ganha espaço: grandes indústrias de automóveis e algumas mais inovadoras como a Tesla, do setor de elétricos, estruturam soluções em parcerias com as gigantes de tecnologia. Um perfeito exemplo é a formação de uma associação e/ou aliança entre o Google (pelo sistema operacional Android) e os fabricantes Audi, GM, Hyundai e Honda, além da Nvidia, dando início à Open Automative Alliance (OAA), que tem como missão criar ambientes comuns interoperáveis entre os veículos e smartphones para novos aplicativos programados para Android.

A Ford partiu para outro modelo proprietário chamado Ford Sync[35] pela aquisição da Livio (uma companhia inovadora em conectividade de smartphones com sede em Detroit, nos Estados Unidos) criando painéis interativos e inteligentes com os usuários/motoristas.[36]

Idealmente, não deverá haver diferença para o motorista dos carros inteligentes se o sistema operacional dos painéis de navegação e interatividade for iOS (Apple) ou Android (Google), desde que haja compatibilidade com seu smartphone e seus "usáveis", como o *smartwatch*, por exemplo, facilitando as trocas suaves de prioridades e comandos nas tarefas de direção e de entrada/saída do veículo em direção ao seu destino e retorno.

Por questões de segurança ao dirigir, o controle de voz será a maneira padrão para interagir com os aplicativos no veículo, minimizando ao máximo os controles por toques físicos, para que você não tenha de pressionar nada e distrair-se do volante. Todos os aplicativos de vídeo também devem ser desativados quando o carro estiver em movimento, por razões óbvias.

O smartphone substituiu o desktop (depois o notebook) como nossa porta de entrada para o mundo digital, e o carro deve ser visto como um tipo de cúpula que nos mantém abrigados e nos acompanha enquanto nos movimentamos com segurança dentro de uma versão aumentada da realidade ao redor.

4.3 RISCOS ASSOCIADOS

O jornal *O Estado de São Paulo*, de 6 de janeiro de 2014, publicou a seguinte matéria: "Sistema Android é o principal alvo de cibercriminosos".[37] Do artigo, destaca-se:

- É o sistema operacional móvel mais usado no mundo e concentra 79% das ameaças criadas, especialmente para dispositivos móveis (segundo pesquisa da finlandesa F-Secure).

---

[35] http://www.ford.com/technology/sync/
[36] Para mais detalhes, veja este vídeo demonstrativo: http://www.youtube.com/watch?v=A-XAK6y2QAm4
[37] http://blogs.estadao.com.br/link/sistema-android-e-principal-alvo-de-cibercriminosos/

- Na sequência estaria o Symbian, da Nokia, que foi descontinuado, com 19%, e o iOS, da Apple, com 0,7%.
- Outros sistemas, como o Windows Phone e o Blackberry OS, são fechados (enquanto o Android é aberto), e, portanto, muito mais seguros, razão pela qual os usuários de smartphones (e outros dispositivos móveis/usáveis como vimos) devem mantê-los seguros por meio de instalações de soluções de defesa *cyberespecíficas* para os ambientes Android.

O caso da rede varejista Target (que você lerá no Capítulo 5) quebrou um importante paradigma da indústria de segurança por ter sido causado pelos até então inofensivos caixas/terminais, onde a tarja magnética dos cartões de crédito e débito têm o contato físico para a leitura dos dados e aprovação das compras. Todo esse incrível novo mundo dos dispositivos conectados "usáveis" estará de alguma maneira operando em Android (Google) ou iOS (Apple) e tocando a matriz da internet em algum momento para acessar seus dados na nuvem, provendo algumas das novas comodidades que descrevi.

4.4 VOCÊ TEME OS DRONES?

Em sequência a uma notícia vinda da Amazon, que planejava usar drones para entregas em locais próximos aos seus centros de distribuição com o objetivo de reduzir custos e o tempo útil entre o pedido e a entrega ao consumidor, em 30 de dezembro de 2013, a FAA (Administração Federal de Aviação dos Estados Unidos) escolheu seis estados para iniciar a fase de testes de operações dessas aeronaves não tripuladas, uma decisão que pode gerar bilhões de dólares em desenvolvimento econômico à medida que o número de fabricantes de drones crescer nos próximos anos. Os estados selecionados são: Alasca, Nevada, Nova York, Dakota do Norte, Texas e Virgínia. Outros três estados também terão testes de drones: Havaí, Oregon e Nova Jersey. A FAA escolheu as seis equipes desses estados para testar drones considerando as diversidades de terrenos, cenários, ambientes e condições climáticas envolvidas.

Aplicações iniciais na agricultura, no setor de entregas (*delivery*, como o Amazon pretende) e vigilância são apenas algumas das muitas possibilidades dessas máquinas que chegaram para ficar e estarão voando pelos nossos céus muito em breve.

4.5 AUTENTICAÇÃO DOS USUÁRIOS PELA LEITURA DA ÍRIS FINALMENTE CHEGARÁ

É exatamente de 1996 minha primeira lembrança de visitar uma empresa com a promessa de autenticação por biometria; neste caso, pela leitura da mão na geometria 3D através de um dispositivo de toque em que, após algumas tentativas, montava-se o padrão para posterior autenticação. Havia uma encomenda de um banco em São Paulo para esse projeto e visitei depois várias outras empresas com as mais variadas formas de identificação de um órgão do nosso corpo totalmente único, e, portanto, impossível de ser adulterado. Quase 20 anos se passaram e sempre recebi estudos a respeito do fato de que a íris, em um determinado momento, seria a parte do corpo a ser usada por sua precisão e por conter um número muito maior de informações únicas, primeiramente nas autenticações menos críticas (alternativa aos controles de acesso por proximidade ou leitura da tarja magnética dos cartões), e em evolução como uma dupla autenticação em situações mais importantes, como validações de transações bancárias. No início de 2014, recebi promissoras notícias de que na próxima geração de smartphones os grandes fabricantes pretendem inserir a autenticação da íris como uma função embarcada nos novos aparelhos.

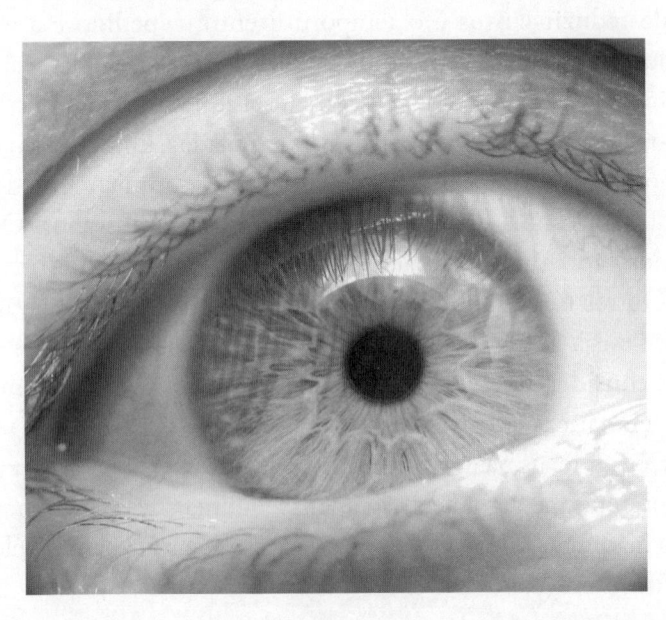

4.6 LIMITES E CONFLITOS PARA A ÉTICA ONLINE

Finalizo este capítulo com algumas considerações a respeito deste vasto tema que sempre gera grandes polêmicas, por um lado pela área cinzenta e tênue dos conceitos de moralidade; e de outro pela sua aproximação com os limites da legalidade nas questões relativas à privacidade. Em geral, os usuários das várias plataformas digitais ainda não têm totalmente claros seus direitos e deveres. Em paralelo a isso, não executam por completo as opções de configuração dos seus níveis de privacidade e, assim, desta forma acabam por tomar, de maneira errônea, sua dimensão pessoal acessível pela nuvem em servidores das plataformas em alguma parte do planeta como algum tipo de propriedade ou ativo particular de sua inteira responsabilidade. Como frisei algumas vezes nesta obra, todo o dado uma vez inserido na matriz da internet torna-se público, de maneira que, na prática, ele nunca desaparecerá por completo e não há como controlar seu destino. Tocamos a matriz por alguns segundos e a informação estará sempre associada a nós, seja ela positiva ou negativa. Esse entendimento e sua compreensão clara são fundamentais para que, ao falarmos de ética online, esse conceito básico sobre a "propriedade" dos dados e informações não se confunda ou sejam feitos julgamentos precipitados e emocionais sobre algumas das políticas de privacidade das principais plataformas digitais e em evolução para novas plataformas na Web 3.0.

Algumas políticas e fatos mais recentes:

4.6.1 Instagram direto: seus dados direto para comerciantes

O Instagram (após ser adquirido pelo Facebook) permitirá que o usuário envie mensagens e imagens para pequenos subconjuntos de seus amigos e familiares. É uma maneira inteligente de obter mais valor dos seus dados nas mãos dos comerciantes. O que isso significa em termos práticos? É muito similar às políticas do próprio Facebook e Snapchat, por exemplo.

Como descrevi no Capítulo 1, os algoritmos que genericamente chamamos de *big data* têm a capacidade de mapear milhões dessas pequenas informações para montar o que interessa a todas as plataformas, e isso é a razão principal de os investidores terem lhes provido forte capital: *dados sólidos, específicos e mais precisos para anunciantes a respeito de potenciais consumidores, realimentando todo o modelo por novos aportes de capital, agora sob a forma de pagamentos de anúncios pelas tabelas apresentadas e assim sucessivamente.* Mais usuários em diversas plataformas (móveis, em particular) significam mais receitas por representarem mais oportunidades para a concretização de uma venda e pagar pelos seus investimentos.

Embora ainda exista uma aura de certa "inocência" ou mesmo "imprudência" de muitos usuários no que diz respeito ao que postam na internet, não será mais possível ignorar essas forças comerciais por muito tempo, já que os anunciantes de alguma forma irão estabelecer contatos (e-mails, banners, teasers etc), alguns mais sutis, enquanto outros serão mais diretos e agressivos.

Esclarecendo esses pontos e voltando ao anúncio do Instagram: seria correto afirmar que este novo serviço, que será chamado de Instagram Direct, fere a privacidade dos usuários? Esse tipo de segredo manipulado, como vimos anteriormente, para exibir uma imagem alegre e moderna sobre as redes sociais tem seu valor medido mais ou menos pela quantidade e importância dos dados que são capazes de obter voluntariamente dos usuários, suas análises e posterior uso respectivo para envio a campanhas de vendas cada vez mais personalizados e específicas. Esse novo serviço do Instagram, portanto, está estruturado, não por coincidência, sobre duas bases muito sólidas para mapear intenções de compras: fotografias (e seus metadados associados, como vimos no Capítulo 1, pelas funções de GPS e outras informações associadas) e as conexões dos relacionamentos.

Por que as conexões sobre relacionamentos são tão importantes? Considere que você é um fabricante de bens de consumo de massa (GM, Toyota, Nike, Nabisco, Sony, por exemplo), um varejista (Walmart, Macy, Target, Amazon) ou trabalha em uma empresa/agência de marketing. Quanto valeria investir para saber quais consumidores são amigos próximos ou parentes próximos com outros consumidores específicos? Aqueles já fiéis à marca ou local podem facilmente influenciar seus amigos mais próximos e assim por diante. Ou seja, é uma abordagem puramente comercial e até agressiva que oferece ao usuário, por um lado, na forma de diversão e entretenimento online, a possibilidade de melhorar suas fotos com os recursos do produto e criar alguns vídeos curtos interessantes.

Entretanto, após estas informações, você consideraria ser "ética" tal abordagem? Aceito sua resposta inicial de "bem, eu não sabia que era assim tão cruel, simples e puramente comercial", que geralmente seria seguida por "OK, vou reconfigurar minhas opções de privacidade para não permitir esses usos, não estou confortável em compartilhar meus dados e fotos com tantos anunciantes que não conheço".

4.6.2 Facebook sofre ação de quebra de privacidade

O Facebook, a plataforma mais popular do mundo, com mais de um bilhão de usuários, em 7 de janeiro de 2014, foi atingido com um processo de ação coletiva. As alegações, reveladas no *Financial Times*, são de que o Facebook verifica sistematicamente o conteúdo das mensagens privadas para que possa comercializar esses dados a terceiros, seus anunciantes pagantes.

Todo o modelo de negócios do Facebook é baseado no monitoramento do que os usuários escrevem para montar os mapas de preferências e perfis para fins comerciais junto aos seus anunciantes.

Nesta figura podemos perceber a predominância do Facebook mundialmente com plataforma digital das redes sociais.

Como descrevi, em princípio não há nada de errado com o Facebook usar nossos dados para obter ganhos comerciais. Afinal, por ser um serviço gratuito (do lado do usuário) e uma empresa com ações de capital aberto, precisa naturalmente buscar maneiras de gerar receitas das diversas formas possíveis e legítimas. A grande questão é saber quantos usuários realmente conhecem e estão cientes desse modelo de negócios da mineração dos dados através dos algoritmos de *big data*.

O Facebook sempre recebeu críticas por essa falta de transparência ou simplicidade para que os usuários entendam claramente suas políticas de uso dos dados postados em seus servidores. Nessa ação mais recente, a acusação seria de que o Facebook teria violado a Lei de Privacidade das Comunicações Eletrônicas por digitalizar e explorar comercialmente o conteúdo das mensagens privadas enviadas por meio da sua plataforma sem o prévio consentimento dos usuários.

Vejam que são dois casos muito parecidos no que diz respeito à questão central que é a prévia autorização e conhecimento dos usuários de que seus dados podem vir a ser usados pelas plataformas. Na ação mencionada consta que os usuários não sabem estar sendo monitorados ou que suas mensagens podem ser usadas para fins comerciais, e que, caso soubessem, não iriam expor muitos dos fatos e situações particulares das suas vidas privadas. São, portanto, exatamente as questões que estou expondo a respeito dos limites da ética e da legalidade serem muito tênues e sujeitos a interpretações e julgamentos particulares. A regra geral é a mesma que venho dizendo há muitos anos: se o dado é inserido na matriz da internet, torna-se público de uma maneira ou outra, então é muito melhor e infinitamente mais seguro desenvolver um mecanismo de autorregulação antes de tornar esta informação pública.

5

IMPACTOS FINANCEIROS E MACROECONÔMICOS

Uma das minhas mais constantes missões tem sido desenvolver um modelo financeiro (ROI – Return of Investment) de fácil entendimento e que possa tangenciar de forma clara aos gestores e tomadores de decisão (CEOs, CFOs e membros do conselho de administração) o real valor dos investimentos em segurança digital. Quando fiz meu mestrado na Thunderbird School of Global Management (em Glendale, Arizona, nos Estados Unidos), tive a oportunidade de iniciar um entendimento mais profundo sobre as premissas que guiam a formulação dos balanços financeiros. Junto ao meu professor de finanças corporativas, iniciamos entusiasmadas discussões em torno de ideias de um conceito que eventualmente virá a ser uma tese nossa, detalhando o que chamamos de "demonstrações financeiras dos ativos intangíveis e digitais".

Quando você olha para uma empresa hoje, tomando por exemplo nomes como Apple, Facebook, Amazon, Twitter ou Google, e lê seus balanços, que vêm modelar todas as consequentes decisões de investimentos do mercado financeiro, quais são as linhas do balanço mais interessantes em termos do seu real valor de mercado aos acionistas e investidores? Você talvez tenha lido notícias a respeito das batalhas por propriedade intelectual de patentes entre Apple e Samsung, criando disputas na casa dos bilhões de dólares sobre o domínio de uma determinada patente para uma das partes, que pode estar associada a uma função que você usa no seu smartphone diariamente e nem se dá conta do valor intelectual que foi necessário investir para aquela função estar ali na ponta dos seus dedos, tão simples de usar.

Mas onde estariam essas dezenas ou centenas de patentes nos balanços e quanto de valor financeiro (intangível) estaria armazenado dos servidores da Apple ou Google neste momento, sobre as mais diversas questões, como base de clientes, preferências, perfil dos usuários, hábitos de consumo por região e horários, pontos de venda, novos produtos em desenvolvimento, entre muitos outros. E o que dizer, por exemplo, de plataformas predominantemente digitais de redes sociais como o Facebook ou Twitter? Como quantificar o valor financeiro de uma função ou projeto em desenvolvimento que, quando ativado, irá provocar um aumento no faturamento de x por cento? E por quanto tempo a concorrência direta terá algo similar? Qual o período aceitável que essa inovação (refletida nas patentes) terá de liderança e quanto isso significa em termos de valores? Nossa mente nos treinou (em especial os não nativos digitais) para estabelecer valor monetário quando olhamos para uma infraestrutura física (edifícios, *campus*, complexo de escritórios, *data centers* etc) e criar uma percepção associativa de relevância financeira, positiva ou negativa, de acordo com os padrões apreendidos ao longo de nossa vida e com as referências captadas.

No mundo digital da Web 3.0 e evoluções seguintes, nada disso terá o mesmo valor. Se você estivesse em Nova York no final de julho de 2008, mais precisamente na região da Broadway, na ilha de Manhattan, em frente ao suntuoso prédio do banco de investimentos Lehman Brothers, jamais conseguiria prever como uma instituição com aquele patrimônio físico estaria prestes a quebrar no próximo mês e provocar o estopim da grave crise dos mercados em 2008. O que dizer da seguradora AIG, marca mundialmente conhecida e associada a solidez, estabilidade e credibilidade? Ou então de corretoras de renome mundial, como a Merrill Lynch, que tiveram de ser absorvidas para não ter o mesmo destino?

Lehman Brothers entrou com um pedido de proteção contra credores e concordata, às 1h45 da manhã do dia 15 de setembro de 2008, devido ao massivo êxodo dos seus clientes, ocasionando a derrubada de suas ações na bolsa e tornando-se o maior pedido de falência da história dos Estados Unidos.

A maior fraude financeira de todos os tempos, realizada pelo Grupo Maddoff, instituição com uma carteira de clientes de altíssimo poder

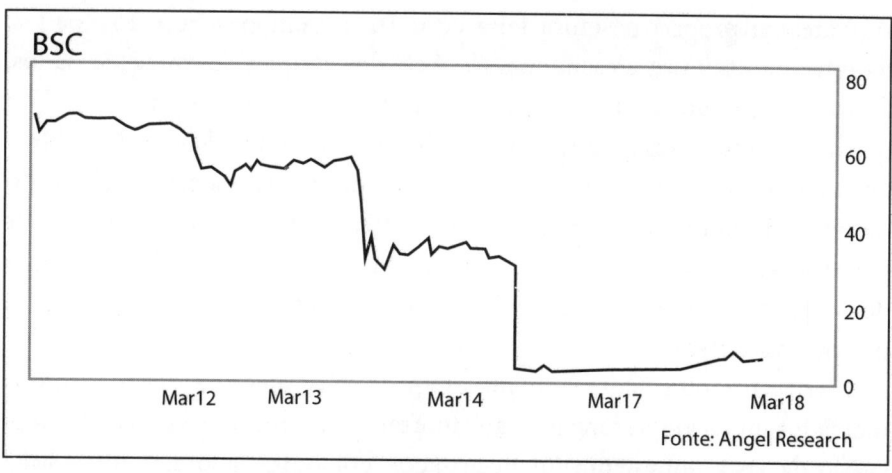

No gráfico acima, o valor da ação do Lehman & Brothers antes da liquidação/pedido de falência em setembro de 2008, iniciando a grave crise dos mercados mundiais.

econômico, somente foi possível graças à manipulação da percepção de valor realizada por Madoff utilizando-se do seu poder de convencimento verbal e documentos falsificados. Seu histórico lhe credenciava para essa posição, porém, sem trazer qualquer lastro real, acabou falindo e foi parar na cadeia pelos seus delitos sem que os milhares de investidores (em especial aqueles com menor capacidade de contratar bons advogados) fossem ressarcidos ao menos dos valores inicias investidos.

No final de 2013, foram divulgados os resultados do estudo global feito pela auditoria PriceWaterHouseCoopers (PwC),[38] com 9,6 mil companhias de 115 países, incluindo o Brasil, onde foram entrevistadas 700 organizações. Houve um aumento de 25% em relação aos incidentes de segurança registrados em 2012, chegando a um custo médio de 531 dólares por incidente, além de um aumento de 18% dos custos financeiros associados. Foi constatado um aumento de 51% dos investimentos em segurança em relação ao ano anterior, com perda de dados (roubo de informação sensível) reconhecida por 24% delas. Na edição da revista *Exame*, de 27 de novembro de 2013,[39] a empresa de segurança Symantec apresenta números

---

[38] http://computerworld.com.br/seguranca/2013/12/20/incidentes-de-seguranca-em-empresas-crescem-25-em-2013/

[39] http://exame.abril.com.br/revista-exame/edicoes/1054/noticias/a-guerra-esta-so-no-comeco

similares da própria pesquisa feita com 16 mil empresas em 157 países, na qual apontou um crescimento de 42% dos ataques de roubo de dados. Como já expliquei, e é um consenso na comunidade mundial, mais de 75% dos incidentes de segurança não são admitidos e/ou divulgados ao público pelas empresas por conta das consequências negativas associadas. O estudo da Price ainda revela que as empresas seguem sem associar ou incorporar em seus projetos e orçamentos de inovação (tecnológica e produtos) o tema de segurança digital. Devemos, portanto, analisar estes números sob esta perspectiva e ressalvas.

Incríveis fatos e acontecimentos têm ocorrido desde a grave crise dos mercados em 2008, reforçando a importância crítica desse tema por um ponto de vista puramente financeiro, que por outro lado está intrinsicamente conectado ao mundo digital. No fim deste capítulo, retomarei essa temática conceitual, passando agora a descrever, através de seis casos práticos e recentes, as múltiplas variáveis que envolvem esta questão. Não estou envolvido como analista, consultor e/ou perito em nenhum desses eventos, bem como não tenho qualquer atuação com as partes envolvidas, portanto avalio os incidentes de forma isenta e conceitual por meio das informações publicamente disponíveis em mercado e nos fóruns e blogs da comunidade de segurança. Ainda que tais informações possam eventualmente não conter toda a profundidade das provas e evidências em questão, pois alguns casos ainda estão tramitando em procedimentos judiciais em estágios diversos, elas são suficientes para meu objetivo de ilustrar como ocorreram tais situações e suas consequências econômicas do ponto de vista aderente a este capítulo.

5.1 CASO 1: TARGET

Em 19 de dezembro de 2013, em comunicado oficial ao mercado,[40] a terceira maior rede varejista americana, a Target (com sede em Minneapolis, Missouri), admitiu que cerca de *40 milhões de cartões de débito e crédito* foram hackeados (a empresa possui um total de 110 milhões de clientes/usuários ativos cadastrados) entre os dias 27 de novembro e 15 de dezembro,

---

[40] https://corporate.target.com/discover/article/Important-Notice-Unauthorized-access-to-payment-ca

durante a forte concentração de descontos e promoções conhecida como *Black Friday*, que ocorre logo após o feriado do dia de Ação de Graças). O texto diz: "A prioridade da Target é preservar a confiança dos nossos clientes e temos nos esforçado rapidamente para lidar com esta questão, de forma que nossos clientes possam comprar com confiança. Nós nos desculpamos por qualquer inconveniente que este evento possa vir a causar", disse Gregg Steinhafel, presidente do conselho e CEO. "Nós consideramos esta questão como algo muito sério e estamos trabalhando com as forças policiais (FBI), o Departamento de Justiça e o Serviço Secreto", completou.

Entre várias ações em curso, a Target contratou uma das empresas líderes em análises forenses digitais para conduzir as investigações e encontrar as causas, as técnicas usadas e as evidências desse incidente. Pelas informações iniciais, estima-se que esse seja o segundo maior ataque contra redes varejistas e cartões de crédito e débito, sendo apenas superado pelo ataque de 2005 contra a TJX Cos., em que *45,7 milhões de cartões* foram hackeados. Imediatamente os grandes veículos de mídia e as redes sociais começaram a propagar essa surpreendente notícia com as mais variadas sugestões de caminhos para os consumidores lesados pelo grave incidente. Acredita-se que a técnica usada tenha sido infiltrar um *malware* na rede da Target para que, nos pontos de vendas (os caixas físicos das 1.797 lojas da rede nos Estados Unidos e 124 no Canadá), a leitura da tarja magnética dos cartões pudesse ser capturada integralmente durante a efetivação da compra nas lojas físicas (esse ataque não afetou os consumidores que fizeram suas compras online).

Na manhã do dia 27 de novembro, ao ligarem as máquinas nos pontos de vendas (de acordo com as informações disponíveis) para ser efetuada a carga do software para seu uso diário, os caixas da Target receberam de forma involuntária o *malware* infiltrado na rede e que ali ficou instalado. Dessa forma, no dia de maior movimento de compras em varejo do ano (sexta-feira, dia 29 de novembro, após o feriado do dia de Ação de Graças), cerca de 40 milhões de consumidores tiveram seus dados capturados. Apenas no dia 19 de dezembro, quatro dias após a Target ter informado "que havia identificado e resolvido o problema, que os clientes, bem como todo o mercado, tomaram conhecimento desse severo ataque. Assim sendo, entre os dias 27 de novembro e 15 de dezembro, ou seja, durante *17 dias úteis de atividade comercial* (desconsiderando os feriados de 27 e 28 de novembro), todos os cartões processados nos caixas físicos das 1.797 lojas foram capturados pelos hackers envolvidos nesse grande ataque. Nenhum grupo assumiu a autoria ainda, e as investigações prosseguem.

Em 23 de dezembro de 2013, a Fox News iniciou uma série de entrevistas com algumas das vítimas do ataque que deram início adiversos processos judiciais contra a Target. Desde então, mais de uma dezena de consumidores lesados já entraram na justiça acusando a Target de "negligência e falha em proteger os dados dos seus consumidores".

Entre as medidas urgentes para recuperar desesperadamente a credibilidade junto aos seus consumidores, a Target ofereceu descontos de 10% nas compras no final de semana anterior ao Natal, porém isto não causou qualquer efeito prático positivo nas vítimas, como explicou uma delas, Scott Haywood, que reside numa pequena cidade do Alabama. Ele afirmou à Fox haver percebido que seus cartões tinham sido roubados quando sua esposa, no dia seguinte às compras na Target, foi a uma mercearia e teve os cartões recusados. O casal entrou em contato com a administradora e recebeu a má noticia de que haviam sido consumidos 2.200 dólares nos cartões nas últimas horas. Ele declarou sua desilusão em ter buscado nas compras do BlackFriday descontos que se tornaram ínfimos perante esses prejuízos.

Estima-se que no mercado negro cada cartão seja vendido por valores entre 20 e 100 doláres a unidade. Empresas de consultoria de mercado de varejo, como a Customer Partners LLC, estimam que no final de semana antes do Natal de 2013 as transações tenham tido uma redução de 3% a 4% contra os volumes normais nessa época do ano, que é de forte concentração de vendas pelos varejistas. Outras pesquisas de fidelidade da marca foram realizadas, como a da You Gov Brand Index, que foi respondida por 4.300 pessoas e publicada em 23 de dezembro, revelando os seguintes índices por setor e empresa, variando entre o indicador 100 positivo a negativo:

- Antes do ataque, o indicador da Target era de + 26.
- O do setor varejista era de + 12.
- Após o ataque, o indicador da Target passou a ser −19.

Numa previsível avalanche de ações judiciais coletivas, em 19 de dezembro,um escritório de advocacia de Jersey City, do estado de Nova Jersey, chamado JTB Law Group, LLC abriu uma ação coletiva contra a Target na

Corte Federal de Boston. Consumidores lesados poderão aderir a essa ação coletiva que deverá ter o mesmo formato em vários dos estados americanos e canadenses.

Números iniciais estimam uma perda direta na casa dos 500 milhões de dólares, porém penso que é ainda muito prematuro neste momento estimar tais valores porque, pela visibilidade da empresa, pelo número de pessoas envolvidas e toda a publicidade negativa gerada por esse caso, poderíamos estruturar uma análise mais ampla desse conjunto de custos associados às perdas, chegando a algo parecido com:[41]

 a. Perdas diretas pelo simples ressarcimento dos clientes por eventual uso indevido dos cartões de crédito (como no caso citado): 25% de impacto; US$ 500 milhões.

 b. Perdas diretas pelo simples ressarcimento dos clientes por eventual uso indevido dos cartões de débito: 15% de impacto; US$ 300 milhões.

 c. Perdas indiretas por danos à identidade do proprietário legítimo dos cartões por eventual uso indevido e/ou fraudes diversas online: 7,5% de impacto; US$ 150 milhões.

 d. Perdas indiretas por questões de falsidade ideológica digital associada a eventuais aquisições e/ou contratos de bens de longa duração e/ou valor (veículos, imóveis etc.): 17,5% de impacto; US$ 350 milhões.

 e. Perdas indiretas por questões legais associadas ao comprometimento da identidade digital durante os períodos entre 27 de novembro e 15 de dezembro e após 19 de dezembro: 17,5% de impacto; US$ 350 milhões.

 f. Perdas diretas de clientes físicos (vamos considerar entre 3% a 5%) nas lojas por suspeitas quanto à credibilidade da marca durante um período aproximado de 18-24 meses: 5% de impacto, U$ 100 milhões.

 g. Perdas diretas associadas a campanhas positivas de marketing no sentido de reconquistar estes clientes: 7,5% de impacto; US$ 125 milhões.

---

[41] Os valores absolutos estão estimados em dólares. O percentual de impacto no total das perdas considera um cenário de um prejuízo absoluto no final desse caso de US$ 2 bilhões, ou seja, quatro vezes mais a estimativa inicial dos prejuízos diluídos ao longo de cinco anos.

h. Perdas diretas associadas a descontos promocionais (os 10% de desconto nas compras deste Natal, por exemplo), entre outros, visando reconquistar os clientes que deixaram a marca: 5% de impacto; U$ 110 milhões.

Então, poderíamos montar um quadro de perdas agrupando as diretas com as indiretas para observar esse evento por esta outra dimensão:

PERDAS	IMPACTO (%)	PERDAS (em bilhões de dólares)
Diretas: Itens: "a", "b", "f", "g", "h"	57,5%	1.150
Indiretas: Itens: "c", "d", "e"	42,5%	850
Total	100%	2.000

Especula-se que esses hackers tiveram a capacidade de quebrar os códigos de criptografia dos cartões e teriam efetuado (em particular no período em que ainda não havia a percepção do ataque) várias transações financeiras nas contas dos proprietários dos cartões envolvidos. Devido a esta questão, vários bancos emissores dos cartões reduziram substancialmente os volumes disponíveis para as operações de crédito e débito pela suspeita de que os códigos tenham sido violados até que a investigação em curso possa apresentar resultados mais conclusivos ao mercado e aos consumidores. Em 21 de dezembro, o banco JP Morgan, o maior dos Estados Unidos, alertou a dois milhões dos seus proprietários de cartões que estava limitando o volume diário de uso nos caixas eletrônicos para apenas US$ 100 e colocando um "teto" provisório de US$ 500 nos cartões de crédito. Na sequência, o Santander também emitiu um comunicado similar e depois todos os principais bancos fizeram o mesmo, numa tentativa desesperada (embora após a janela livre de uso do ataque não reconhecido) entre 27 de novembro e 15 de dezembro. Considerando que US$ 2 bilhões seria o número final dos prejuízos (entre as perdas diretas mais imediatas e as indiretas que podem levar anos para ser calculadas em função dos procedimentos legais), qual seria o impacto no faturamento da Target?

Principais indicadores:
a. Faturamento anual = US$ 72 bilhões (2012).
b. Valor de mercado = US$ 39,5 bilhões.
c. Valor da ação na Bolsa = US$ 62,15 (contra uma máxima nas últimas 52 semanas de US$ 73,50, ou seja, −15,44% da cotação máxima).
d. Rentabilidade líquida média da empresa = 6%.

Nessa simples e resumida análise dos grandes números, vemos que uma perda de US$ 2 bilhões, mesmo que não seja aplicada durante um único exercício, teria um impacto proporcional de 2,77% no faturamento anual, porém, em um valor especulado para efeito de visualização dos impactos, afetaria a rentabilidade líquida da empresa (varejo com uma média por setor entre 5% a 8%) em 6%, ou seja, US$ 4,32 bilhões ao ano. Dessa forma, uma perda de US$ 2 bilhões associada a esse ataque afetaria a rentabilidade líquida da empresa em substanciais 46% (caso aplicada ou provisionada em um único ano fiscal). Mesmo antes desse ataque a Target estava tendo problemas para aumentar seus volumes de venda e lucratividade. Os analistas estimam que a lucratividade por ação terá uma redução de 46% comparado ao mesmo indicador no ano anterior. Apesar de a Target estar em *compliance* (certificação atualizada) com as políticas de segurança das empresas de cartões de crédito e do mercado financeiro (PCI-DSS – Payment Card Industry Data Security Standard), deverá sofrer pesadas multas e processos das marcas Visa e Mastercard, além da American Express, para compensar os prejuízos dos bancos emissores dos cartões aos consumidores, a reemissão de novos cartões e as consequências advindas do uso desses cartões no mercado negro ou durante o período entre 27 de novembro e 15 de dezembro. É provável também que as ações a serem movidas pelos consumidores lesados contra os bancos emissores e/ou as empresas de cartões de crédito citadas sejam efetivamente pagas pela Target, pelo argumento principal de "negligência em manter segura sua rede de dados e a privacidade dos seus consumidores".

Informações iniciais divulgadas pelo Departamento de Justiça indicam que os sistemas de detecção de transações (comportamentos e volumes dos consumidores) da Target não foram capazes de captar essa anomalia em função da expectativa de forte aumento nas vendas nesse período. Dessa forma, talvez os sistemas e controles internos tenham indicado um número excessivo de transações que teria sido interpretado como um aumento das vendas por esse ser o foco da atenção de todos durante o período pré-Natal e logo após o maior feriado dos Estados Unidos. Assim como descrevi anteriormente, sobre aquele momento de "dispersão e relaxamento" que antecedeu o ataque na Maratona de Boston, horas após os principais corredores terem concluído a prova, o mesmo fator parece ter significado aqui também uma vantagem valiosa de tempo para os hackers, que tiveram 17 longos dias úteis com acesso completo aos 40 milhões de dados dos cartões de crédito e débito.

A empresa criou uma linha direta para os consumidores que compraram nessas três semanas e foram lesados pelo ataque entrassem em contato com as principais empresas de informações para saber sobre seu status de crédito atual (apontamentos de transações não reconhecidas) junto à Equifax, à Experian e à TransUnion.

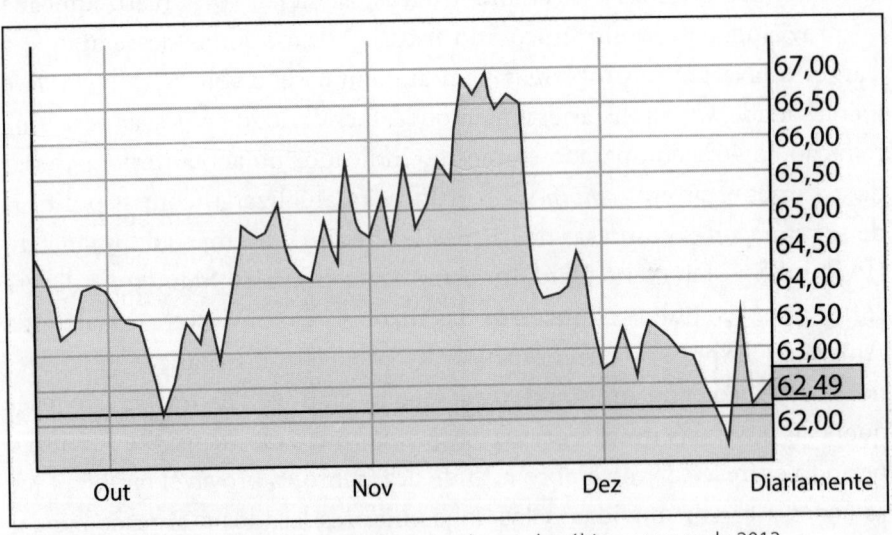

O gráfico demonstra o valor da ação da Target ao longo dos últimos meses de 2013.

A empresa especializada em segurança iSight, contratada para investigar este caso em conjunto com o serviço secreto americano, chegou às seguintes conclusões iniciais:[42]

---

[42] http://www.computerworld.com/s/article/9245491/Security_firm_IDs_malware_used_in_Target_attack

a. O *malware* usado no ataque aos terminais dos caixas foi uma derivação sofisticada de um conhecido programa *trojan* escrito para roubar dados de sistemas de POS (point of sale – ponto de venda).
b. O nome do *malware* é Trojan.POSRAM, que tem o propósito de encontrar, arquivar e transmitir dados de cartões de crédito e códigos PIN (senhas dos cartões com chips).
c. Este *malware* (variação de outro chamado BlackPOS, numa alusão ao lado negro/sombrio de um ponto de venda) tem a característica de ser "muito persistente, sofisticado e ter amplo escopo", o que significa que, uma vez infiltrado, irá cumprir seu objetivo. Muitas outras empresas do varejo talvez já o tenham em sua rede sem ainda terem reconhecido tais ataques.
d. Esse *trojan*, POSRAM, assim como o BlackPOS, foi escrito para roubar os dados dos cartões de crédito que são armazenados momentaneamente na memória dos terminais de caixa, logo após terem sido lidos pelo contato físico com a tarja magnética.
e. Depois de infectar o terminal do caixa, esse *malware* monitora o espaço de memória nos dispositivos e, quando encontra algo de interesse (dados dos cartões), salva a informação como um arquivo local, executa a transferência desta para a central dos hackers e automaticamente apaga/deleta esse registro/log.
f. No momento em que o ataque foi descoberto, mesmo os mais atualizados sistemas de antivírus/*malwares* do mercado não tinham as assinaturas (vacinas) disponíveis para detectar esse tipo particular de *malware*.
g. Blogs de segurança descrevem este *malware* como um pequeno arquivo com aproximadamente 207Kb, tendo um custo no mercado negro (sites de hackers) de US$ 1.800 para as versões mais simples e US$ 2.300 para quebra de senhas contendo dados encriptados. Estima-se que um volume de 11 GB de dados tenha sido movimentado dentro da rede da Target antes de serem enviados aos servidores remotos.
h. Este tipo de *malware*, na sua forma inicial, foi identificado pela primeira vez no mercado de segurança em janeiro de 2013, tendo origem na Rússia e sendo conhecido também como *Kaptoxa*, uma gíria russa para a palavra "batata".

i. A própria Target admitiu ao mercado em 28 de janeiro de 2014 que os hackers tiveram acesso aos sistemas internos usando credenciais "roubadas" de um fornecedor, porém não revelou seu nome, origem, setor ou localização.

O item "f", se completamente confirmado, poderá minimizar as perdas diretas e indiretas para a Target, pois o princípio da "negligência" nesse caso não seria viável, já que no mercado de segurança não haviam quaisquer proteções disponíveis que a Target poderia ter usado para detectar a presença do *malware*. Sugiro aos leitores acompanhar esse caso pela *Business Insider* (http://www.businessinsider.com), pela *Computer world* (http://www.computerworld.com/) e pelo *Wall Street Journal* (http://online.wsj.com/home-page) para que você tenha acesso às conclusões financeiras e do impacto aos negócios por meio de visões mais técnicas.

Recomendo novamente a leitura da excelente e detalhada matéria "Easy Target" (Alvo Fácil), publicada pela revista *Bloomberg Businessweek*,[43] dissecando todo esse ataque, desde os sinais não percebidos pela área de segurança da varejista até os efeitos imediatos (como descrevi em parte anteriormente), a origem deste *malware* e suas variações na Ucrânia, na região de Odessa e os nebulosos e tortuosos caminhos no mercado negro naquela região pelos grupos criminosos que migraram para esse tipo de atos visando à revenda online dos cartões roubados através da própria internet para finalmente obter ganhos financeiros com o ataque.

Especula-se que ao menos outros seis grandes varejistas americanos também tenham sido infectados por esse mesmo *malware* em período similar (a confirmar).

5.1.1 Análise das perdas em recentes casos similares no varejo

a. TJX Companies, Inc. (opera várias marcas no varejo, como T.J. Maxx; Marshalls; Home Goods; Winners e HomeSense): perdas de US$ 250 milhões.

---

[43] http://www.businessweek.com/articles/2014-03-13/target-missed-alarms-in-epic-hack-of-credit-card-data

- Roubo de 45 milhões de cartões em 2006.
- Principais grupos de custos/prejuízos: despesas de remediações diversas (a exemplo da tabela anterior); acordos e multas com os bancos emissores dos cartões; custos de consolidação dos níveis de crédito dos consumidores lesados; custos com advogados e procedimentos em cortes e demais multas e penalidades com as principais bandeiras: Visa, Mastercard e American Express.

b. Heartland Payment Systems (empresa de processamento de paga mentos): perdas de US$ 140 milhões.
- Mais de US$ 26 milhões em custos legais.
- Acordos de mais de US$ 110 milhões com Visa; Mastercard e American Express.
- Provisão no balanço de US$ 42,8 milhões para pagamentos futuros associados a processos legais e de multas e demais custos em tramitação relacionados ao ataque.

Apesar de as especulações iniciais indicarem a infiltração de código malicioso *malware* nas redes para permitir o ataque, as investigações definiram a causa principal como uma questão procedural trivial: um funcionário da área de *callcenter* (aquela pessoa que, na percepção inicial física, estaria acima de qualquer suspeita) simplesmente carregava diariamente em seu *pendrive* informações confidenciais da empresa.

O ataque ocorreu em julho de 2005 e expôs os dados de 45,7 milhões de usuários de cartões de débito e crédito, porém foi reconhecido apenas em dezembro de 2006.

c. Adobe Systems: 150 milhões de consumidores afetados.
- No início de 2013, foi identificado um acesso não autorizado aos dados pessoais de 38 milhões de consumidores (nomes; dados encriptados de cartões de crédito e débito; datas de expiração e código de segurança, entre outras informações).
- Em novembro de 2013 começou a se especular na comunidade de segurança de que na verdade o ataque teria afetado 150 milhões de usuários/consumidores, quase cinco vezes o número inicial estimado.

d. Sony: 77 milhões de consumidores afetados.
- Na primavera de 2011 começaram a circular múltiplas notícias de ataques de hackers contra diferentes divisões.
- O ataque mais grave foi contra a rede de usuários do videogame Playstation (entre 17 e 19 de abril de 2013), reconhecido pela Sony em 22 de abril de 2013 como uma "intrusão de origem externa".
- Em 27 de abril, a Sony anunciou ao mercado que informações pessoais e provavelmente dados de cartões de crédito teriam sido roubados da rede do Playstation e do Qriocity, colocando em risco um número aproximado de 77 milhões (especula-se que foram, de fato, mais de 100 milhões) de consumidores em todo o mundo.
- A esses dois ataques em sequência foi adicionada também a invasão a informações pessoais (mas não os dados de cartões de crédito) dos usuários da Sony Online Entertainment.

e. Em julho de 2013, os promotores do Departamento de Justiça prenderam cinco suspeitos (quatro russos e um ucraniano) que teriam roubado coletivamente dados de 160 milhões de cartões de crédito e débito das empresas J.C. Penney, 7-Eleven, Nasdaq OMX Group, JetBlue Inc. entre outras durante vários anos seguidos.

5.2 CASO 2: DEPARTAMENTO DE ENERGIA DOS ESTADOS UNIDOS

Em 6 de dezembro de 2013, o Departamento de Energia dos Estados Unidos publicou um detalhado relatório sobre os ataques ocorridos em julho daquele ano contra seus sistemas, especificando as vulnerabilidades técnicas exploradas, as bases de dados e os sistemas comprometidos, bem como os volumes financeiros associados a essas perdas reais (diretas e indiretas) e as sugestões de reconstrução pós-ataque. A seguir, apresento os principais números e a cronologia dos eventos.

Um servidor com contato externo com a internet foi inicialmente comprometido e usado para acessar bases de dados internas e extrair informações sensíveis pessoais como: nomes, números do *social security number* (equivalente no Brasil ao CPF), endereços, local de nascimento, dados bancários e demais informações sobre as identidades dos usuários.

A conexão entre esse servidor com acesso via internet e os bancos de dados internos (DOEInfo) era permitida e não tinha monitoramento de eventuais anomalias, partindo do princípio de que haveria uma comunicação segura entre sistemas e servidores. Dessa forma, os hackers analisaram a topologia do ambiente e descobriram a vulnerabilidade do servidor externo a um ataque, que em caso de sucesso (como ocorreu) abriria todas as demais aplicações e sistemas sem qualquer limitação e/ou necessidade de solicitação de novos acessos (senhas). A implementação inicial do banco de dados (DOEInfo) foi feita em 1994. Com o tempo, passou a ser a principal base de dados não apenas dos funcionários ativos e seus dependentes, mas também dos aposentados e subcontratados.

Nos últimos anos foram reconhecidos três ataques contra esses sistemas, sendo que nos dois anteriores (em maio de 2011 e janeiro de 2012) não houve registros de acesso conquistado e, portanto, qualquer perda de informações. Em julho de 2013, porém, os hackers conseguiram infiltrar-se nos sistemas e roubar os dados do SSN de 104 mil pessoas, número que, após a perícia forense, foi recalculado para algo próximo a 150 mil.

Serão gastos US$ 1,6 milhões para recuperar os dados de crédito das pessoas afetadas e para cobrir os custos de montagem/operação de um *call center* para o atendimento às vítimas, além de US$ 2,1 milhões pela perda de produtividade devido à concessão de quatro horas aos funcionários afetados para corrigirem suas questões particulares associadas a esse ataque. Foram impetradas várias ações legais de indenização e trabalhistas pela perda de moral e confiança na instituição com potencial pedido de demissão por várias das 150 mil vítimas.

O relatório define um programa com oito recomendações principais que, por meio dos seus resultados, irão apontar para investimentos adicionais necessários ao Departamento de Energia. Seguem resumidamente algumas dessas recomendações para uma melhor visão do incidente, e que irão gerar novos investimentos internos no sentido da mitigação dos prejuízos e reestruturação da operação do sistema para os usuários e subcontratados:

    a. Completar as análises forenses a partir das 104.179 vítimas iniciais até a total identificação do número final de vítimas do ataque (previsão em 150 mil).

    b. Monitorar diariamente todos os sistemas que eventualmente possam ter contato com a internet pública visando alterar a forma de

acesso e consulta online dos dados pelos usuários as bases de dados internas (DOEInfo).
c. Remodelar a estrutura das bases de dados e a formatação das tabelas para blindar com camadas de proteção adicionais os dados pessoais, em especial os números do SSN.
d. Desenvolver junto aos gestores e ao Departamento de Segurança Interna um profundo estudo de gerenciamento de riscos e custos associados sobre as fraquezas e vulnerabilidades atuais e em progresso – estratégias de mitigação dos riscos de novos ataques e respectivos prejuízos materiais e de moral dos empregados – até a estabilização do ambiente.
e. Implementar um sistema de monitoramento mais granular do ambiente da rede e dos acessos visando detectar preventivamente anomalias e eventos atípicos visando conter ou deter potenciais novos ataques em curso.
f. Finalmente compartilhar as lições apreendidas com esse ataque e o plano de recomendações internamente com as demais agências do Departamento de Segurança Interna.

Esclareço ao leitor que não estou envolvido nesse caso, porém essa dinâmica reflete muito bem minha mensagem. O Departamento de Energia já havia sido atacado duas vezes anteriormente, segundo as perícias forenses, sem serem constatados quaisquer danos materiais efetivos. Como explico a você, os hackers e os grupos que lhes apoiam são persistentes e encaram esse processo (como descrevi em *Risco digital*) da mesma forma que os alpinistas planejam todos os passos para suas escaladas e expedições. É muito possível que esses ataques iniciais (o sistema era o mesmo desde 1994, contando apenas com pequenos ajustes) foram feitos com o simples objetivo de explorar o sistema para o melhor conhecimento da topologia do Departamento de Energia e desta base de dados DOEInfo até que, com todos os elementos e níveis de riscos controlados (por parte dos atacantes externos), o ataque efetivo foi disparado em julho de 2013.

Perdi a conta de quantas vezes na minha carreira ouvi histórias com esse mesmo perfil. Quando chego a uma empresa ou entidade do governo civil ou militar, recebo descrições muito similares. Nada foi feito nas tentativas iniciais e, por fim, quando um grande ataque invasivo acontece e não é mais possível encobrir as vulnerabilidades e fraquezas dos sistemas, surge a busca por consultoria e soluções de segurança de alto nível. Tenho convicção de que muitos dos meus colegas no setor também experimentam essa sensação de frustração por serem chamados apenas após os eventos e incidentes de ataques. Espero sinceramente que este livro e minhas futuras palestras possam ajudar aos gestores (CEOs/CFOs/conselho de administração) a terem essa convicção mais firme a respeito do *timing* da tomada de decisão séria e responsável sobre os investimentos que devem ser vistos como compatíveis com o porte da empresa e dos sistemas envolvidos – especialmente considerando que os investimentos preventivos são sempre mais viáveis economicamente e proporcionam tempo hábil para instalar e configurar os sistemas adequados.

5.3 CASO 3: EMPRESA DE SEGURANÇA RSA EM CONTRATO COM A NSA

A agência Reuters divulgou em 20 de dezembro de 2013 através de documentos recebidos via Snowden, que teria havido um contrato de US$ 10 milhões entre a companhia de segurança RSA e a NSA para que a primeira intencionalmente fragilizasse as chaves de criptografia conhecidas como Dual Elliptic Curve Deterministic Random Bit Generator (Dual_EC_DRBG), de forma que a NSA tivesse um acesso viável, conhecido no mercado como *backdoor*, ou "entrada pela porta dos fundos", aos usuários e/ou empresas com essa tecnologia nos casos de investigações em curso. Em contrapartida, a NSA recomendaria à RSA a adoção, pelas normas de segurança do governo e do setor privado, do uso de uma função específica que tem por objetivo elevar os níveis de solidez dos softwares de criptografia, incorporada em uma ferramenta chamada *Bsafe* para uso em computadores pessoais.

Logo após a divulgação desse contrato secreto, em 23 de dezembro, algumas empresas do setor de segurança ameaçaram a boicotar ou reduzir substancialmente seu relacionamento comercial com a RSA em eventos de marketing, por exemplo. A RSA emitiu no mesmo dia um comunicado formal ao mercado pelo seu CEO negando veementemente a existência de tal contrato.

5.4 CASO 4: BANCO J.P. MORGAN

O banco J.P. Morgan emitiu um alerta em 5 de dezembro de 2013 para 465 mil dos seus usuários de cartões de crédito e débito avisando que seus dados pessoais teriam sido roubados por grupos de hackers em um ataque invasivo contra sua rede em setembro de 2013. A exemplo do caso da Target, aqui vemos um período ainda muito maior entre o ataque e o comunicado ao mercado (usuários), praticamente cinco longos meses após o incidente.

Os cartões roubados eram aqueles emitidos para empresas pagarem seus funcionários e para agências do governo emitirem seguro-desemprego, devolução/reembolsos associados a impostos e outros benefícios. Esse universo de cartões especiais pré-pagos (fator conveniência de uso em comparação a cheques e outros formatos) correspondia a 2% de todos os cartões emitidos por essa instituição bancária. O banco ofereceu aos clientes afetados serviços de monitoramento de crédito nas agências especializadas por um ano sem custos.

Aparentemente, os hackers foram capazes de introduzir um *malware* que transformava as informações – que deveriam seguir encriptadas – dos dados dos cartões durante transações em texto plano e legível, o qual era capturado e lido pelos hackers para a replicação das informações durante a atividade em curso dos cartões. Ao longo do 1º semestre de 2014 outro grande ataque ocorreu contra este banco sendo que em setembro/2014 foi emitido um comunicado ao mercado de que 76 milhões de cartões foram efetivamente hackeados.

5.5 CASO 5: COMPANHIA DE PETRÓLEO DA ARÁBIA SAUDITA – ARAMCO

A Aramco teve 30 mil estações de trabalho atacadas em 15 de agosto de 2012 por um *malware* conhecido como "Shamoon". Esse ataque teve características de hackers ativistas por não ter comprometido as áreas de produção e aparentemente não ter causado danos materiais diretos de roubo de informação, informações confidenciais e/ou patentes.

No dia 15 de agosto, a maior parte dos 55 mil empregados da Aramco ficou em casa se preparando para uma das mais sagradas noites do ano do Islã –Lailatal Qadr, ou a Noite de Poder, que celebra a revelação do Alcorão a Maomé. Naquela manhã, exatamente às 11h 08, uma pessoa com acesso privilegiado à rede de dados da Aramco iniciou o processo de carga do *malware* nos sistemas, produzindo o mais destrutivo ataque de sabotagem à operação da empresa até o momento, atingindo e deletando dados de 75% de todos os computadores corporativos da empresa, entre eles: documentos, planilhas, e-mails e demais arquivos. Em seu lugar, foi colocada uma foto com a bandeira dos Estados Unidos sendo queimada. O presidente e CEO Khalid Al-Falih ordenou a suspensão do site público e do acesso remoto à rede, e em 25 de agosto de 2012 os funcionários regressaram dos feriados religiosos com suas máquinas "limpas" e novamente em condições de trabalho.

Embora não oficialmente confirmado, o uso do *malware* "Shamoon" parece ter sido efetivo, já que ele tem a capacidade de inserir novos dados sobre os existentes nas máquinas infectadas e destruir os arquivos de *master boot*, tornando impossível a recuperação dos dados anteriores pelo processo de *reboot* da máquina.

Imediatamente após constatar a infecção, a Aramco foi forçada a interromper totalmente a operação da rede de dados, e-mail corporativo e acesso à internet para que a propagação do *malware* não atingisse mais máquinas e sistemas.

O Secretário de Defesa dos Estados Unidos, Leon E. Panetta, numa palestra após esses eventos, incluiu esse ataque dentro do que classificou como "uma significativa escalada das ameaças cibernéticas". A empresa emitiu comunicado oficial ao mercado – inclusive em sua página no Facebook – dizendo que "a companhia isolou todos seus sistemas eletrônicos do acesso externo como uma medida preventiva. Esse vírus, que causou a interrupção nas operações, infectou computadores pessoais e estações de trabalho, porém não afetou os elementos principais de operação da nossa rede". E finalizou: "Nossa companhia possui uma série de procedimentos preventivos e múltiplos ambientes redundantes a falhas dentro de uma estrutura complexa dos nossos sistemas, que são usados para proteger nossas operações e bases de dados."

5.6 CASO 6: REDE SOCIAL SNAPCHAT

Em 1º de janeiro de 2014, 4,6 milhões de usuários do app tiveram seus *user names* e telefones abertos expostos para download. O acesso externo não autorizado ao banco de dados SnapchatDB.info levou à suspensão dos serviços no final da manhã.

A motivação desse ataque provavelmente parecerá curiosa: os hackers aqui postaram seus motivos, visando sensibilizar esta *startup* da internet que vem crescendo muito, em especial junto ao público jovem, a aumentar sua segurança digital. Segue o texto postado no blog de tecnologia chamado TechCrunch:[44] "Nossa motivação por trás desse comunicado foi de aumentar a atenção do público para esse problema e também para que os próprios usuários pressionem o Snapchatater esta área vulnerável no seu código de segurança corrigida. Entendemos que as novas empresas de tecnologia têm recursos limitados, mas a segurança e a privacidade não podem ficar como um objetivo secundário. Os assuntos de segurança são tão importantes quanto a experiência de uso nesta rede social."

Nesse ataque, o hacker usou uma falha numa versão mais recente do aplicativo que permite aos usuários compartilhar fotos ou pequenos vídeos que são automaticamente excluídos após alguns segundos.

5.7 OUTROS CASOS EM 2014

Durante os primeiros meses de 2014, uma série de novos ataques ocorreram. Em 11 de julho, a revista *Computer world* publicou uma lista dos cinco maiores ataques em termos de magnitude, potência e/ou alcance de dados comprometidos.[45]

Envolvida entre esses casos está a eBay, uma das maiores varejistas online. Do final de fevereiro até o início de março, ataques comprometeram sua grande base de dados de 145 milhões de consumidores. A eBay emitiu um comunicado oficial ao mercado reconhecendo o ataque às suas bases de dados encriptadas e solicitou aos seus usuários que trocassem suas senhas de acesso.

Já em 5 de agosto, o *The New York Times*[46] publicou uma descoberta da empresa de segurança americana Hold Security: grupos de hackers russos roubaram 1,2 bilhões de combinações de usuário e senha, além de 500 mil endereços de e-mail, neste que é considerado o maior roubo de credenciais de internet já registrado.

---

[44] http://techcrunch.com/2013/12/31/hackers-claim-to-publish-list-of-4-6m-snapchat-usernames-and-numbers/

[45] http://www.computerworld.com/article/2489878/cybercrime-hacking/the-biggest-data-breaches-of-2014--so-far-.html

[46] http://www.nytimes.com/2014/08/06/technology/russian-gang-said-to-amass-more-than-a-billion-stolen-internet-credentials.html

5.8 ALTERAÇÃO DAS FORÇAS E DINÂMICA DOS MERCADOS ONLINE

Os casos citados nos demonstram o quão agressivos, dinâmicos e bem equipados estão os grupos hackers nas suas atividades. Não há dúvidas quanto às facilidades técnicas de execução desses ataques (custos viáveis de equipamentos e infraestrutura em nuvem ou a partir de uma ou mais células de operação, confiáveis e de altíssima performance), bem como do fato de que a modelagem dos códigos não pressupõe superioridade do poder econômico da indústria e/ou governos, mas é uma luta a ser vencida apenas pelos conhecimentos e pelas capacidades intelectuais aliados ao poder de fogo/destrutivo das infraestruturas tecnológicas montadas, como descrito anteriormente. Aprendemos a cada dia a respeito de novas técnicas e estratégias e o que podemos fazer do nosso lado como protetores do bem (os *good guys*) nessa batalha diária contra os grupos organizados de *cyber hackers* e/ou terroristas com as mais diversas motivações. Devemos usar a melhor e mais avançada tecnologia possível (análise semântica, redes neurais, inteligência artificial, computação gráfica, enfim, elementos da nova Web 3.0) para nos manter à frente nessa luta sem fim.

Incorporei mentalmente o não julgamento dos fatores motivacionais do outro lado por ser irrelevante para minha atividade, já que temas polêmicos e controvertidos (religião, política, economia, comportamentos, contrabando, imigração, impostos etc.) sempre estarão envolvidos na origem dos atos dos grupos hackers.

Meu foco está em constantemente identificar as melhores e mais atualizadas soluções tecnológicas comercialmente disponíveis para recomendar e sugerir aos meus clientes, a fim de que estejam aptos a lutar em igualdade de condições. Pela inércia dos tomadores de decisão (CEO/CFOs), infelizmente é comum constatar que as áreas técnicas (tecnologia, gestão de riscos e fraudes, segurança de redes e informações) definem seus objetivos e solicitam orçamentos para suas aquisições prevendo tais situações, porém todo o processo interno de decisão, instalação e efetiva operação hoje em dia contribui para maior agilidade dos grupos hackers no que diz respeito ao uso das mais novas tecnologias de defesa cibernética. Nos seis casos públicos que descrevi, podemos verificar notas ao mercado escritas pelos CEOs nesses momentos de alta criticidade e em geral sob o impacto dos ataques. Eu ficaria extremamente feliz em ouvir de apenas um leitor que este livro de alguma forma o ajudou a convencer seu CEO ou CFO a investir preventivamente em segurança com valores razoáveis e compatíveis com o faturamento da empresa. Isso iria significar que todo o esforço e as inúmeras horas distante da minha família de alguma forma contribuíram para que o mercado inicie este tão necessário e crítico movimento de conscientização e mudanças no processo de tomada de decisões e investimentos.

5.9 SURGIMENTO E CONSOLIDAÇÃO DAS MOEDAS DIGITAIS
5.9.1 Bitcoin

No final de 2013 houve muitas análises sobre o modelo *bitcoine*; se ele seria aquele a iniciar um processo de maturação das moedas digitais. Quando surgiram os espaços virtuais *Second Life* e *Kaneva*, durante algum tempo muitos apressaram-se a construir "avatares" pessoais e corporativos julgando ser esse o caminho de expansão da internet, levando um embrião de "moeda digital" para uso interno aos seus ambientes. Você podia comprar terrenos, propriedades, bens ou ir a eventos (todos virtuais) usando a nomenclatura de créditos e débitos acumulados, porém restritos ao universo virtual.

Em 2008, surgiram as notícias de que um grupo de programadores (até o momento não conhecemos suas origens, nacionalidades e/ou identidades) havia desenvolvido um software para resolver problemas matemáticos que, se respondidos corretamente, equivaleriam a uma unidade de *bitcoin*. Os ganhadores podem simplesmente guardar e acumular códigos em seus dispositivos digitais ou trocá-los em casas de câmbio por moeda tradicional, bem como usá-los em compras online. Podemos, por isso, analisar o *bitcoin* tanto como uma "moeda digital" quanto como um "sistema de pagamentos".

Nos últimos dias de dezembro de 2013, a Bloomberg fez uma série de entrevistas sobre o tema, já que 2013 foi o melhor ano da história para o *bitcoin*. A tabela a seguir mostra a evolução dos preços e valores atuais (de 30 de dezembro de 2013) de uma unidade da moeda.

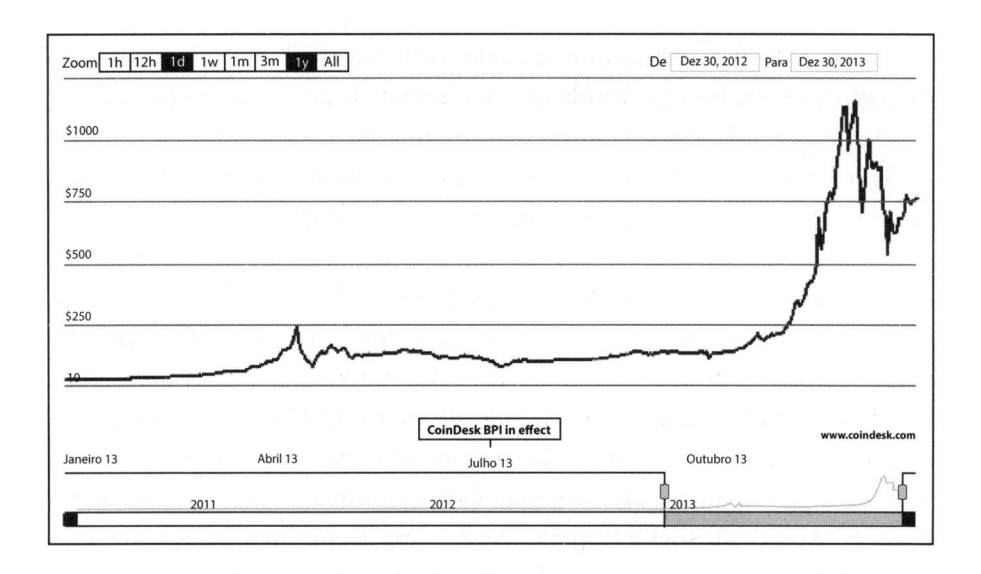

Como podemos verificar pelo gráfico acima, em determinado momento (final de novembro de 2013) seu valor ultrapassou a marca de US$ 1 mil por unidade. O ex-presidente do Banco Central Americano, Alan Greenspan, em entrevista a *Bloomberg*,[47] classificou esse fenômeno como "circunstancial e sem lastro real ou consistência histórica". Porém, seu sucessor no cargo, Ben Bernanke, afirmou em meados de novembro de 2013, numa primeira declaração oficial do FED, que "as moedas virtuais serão promissoras no longo prazo caso permitam pagamentos rápidos, seguros e eficientes".[48] Essa declaração, feita pelo presidente do FED, naturalmente levou a cotação do *bitcoin* a subir cerca de 50%, até atingir US$ 785, para em sequência ultrapassar a barreira dos mil dólares. Seu valor fechou o ano em US$ 731.

Muitas críticas e dúvidas provêm de sua natureza desconhecida (origem incerta desses programadores e a confiabilidade da sua bolsa/cotação diária), aliada ao fato de não ter uma sustentação em ativos físicos (ouro ou

---

[47] http://www.bloomberg.com/news/2013-12-04/greenspan-says-bitcoin-a-bubble-without-intrinsic-currency-value.html
[48] http://www.businessinsider.com/ben-bernanke-on-bitcoin-2013-11

outra *commodity*) para sustentar seu valor real. A forte flutuação e a ausência de instrumentos legais e jurídicos para apoiar os eventuais consumidores lesados são também fortes fatores de preocupação, aos quais somam-se ainda as possibilidades de seu uso e/ou manipulação por grupos interessados em operações ilegais como lavagem de dinheiro, drogas e contrabando.

São apenas 12 mil estabelecimentos físicos que aceitam essa "moeda", que movimentou US$ 12 bilhões em 2013, em todo o mundo. Do ponto de vista dos comerciantes, ela representa um maior lucro contra as altas taxas cobradas pelas empresas de cartões de crédito tradicionais. O Departamento de Serviços Financeiros do Estado de Nova York disse em novembro que irá considerar a possibilidade de conceder um licença específica para moedas digitais como o *bitcoin* e planeja encaminhar ao Senado um procedimento para discussões a respeito. Na Europa, Índia e China, os mercados não parecem muito entusiasmados com a ideia do *bitcoin*, e seus Bancos Centrais emitiram avisos e alertas quanto aos riscos associados a moedas digitais sem lastro e/ou legislação (mundial e regional) no mundo físico.

Ao de 2014 assistimos uma migração consistente do uso da moeda Bitcoin (e outras que se seguem similares) para pagamentos de transações envolvendo atos criminosos e ilícitos. O sistema TOR que foi criado de forma a estabelecer comunicações seguras pela Internet através de 03 níveis de criptografia onde as chaves mudam a cada 10 minutos e os pacotes (conteúdos de informação) trafegam por um grupo de computadores que voluntariamente oferecem seus IPs para a passagem deste tráfego. Estima-se haver hoje cerca de 5.000 máquinas neste modelo sendo que destas 600 tem poder computacional de médio a grande porte.

A China e União dos Estados Árabes (UEA) não permitem tráfego através dos "túneis" TOR. O Brasil representa 5,39% destas máquinas e usuários e os EUA o principal com 14,28% sendo que através de sistemas TOR os criminosos acessam os portais vamos chamar de "negros" da Internet como por exempo o "Evolution" que é portal baseado nos modelos na Internet "do bem" como Amazon ou eBay porém no Evolution você pode comprar todo tipo de drogas; bombas; armas químicas entre outros itens. Todo o pagamento é feito através de "Bitcoins" que depois são ou renegociados nos ambientes/portais de negociação entre Bitcoins para moedas legítimas ou convertidos para contas legítimas em Bancos comerciais".

Como o leitor poderá imaginar a investigação deste tráfego, através, dos sistemas que navegam por máquinas habilitadas para o TOR, é muito complexo senão infrutífero pelas limitações técnicas e de tempo hábil. Igualmente complexo é o rastreamento entre a origem do portador dos primeiros Bitcoins resultantes de uma transação ilegal até sua conversão em moedas legítimas nos bancos comerciais. Novamente aqui vemos a ingenuidade da mídia e de muitos usuários confundir-se num primeiro impulso com as moedas digitais. É um tema de extrema importância, e gravidade que certamente terá de ser definido em organismos do sistema financeiro internacional em conjunto com a comunidade legal e as forças militares e policiais.

5.9.2 PayPal

O PayPal é um modelo consolidado, seguro e em crescimento contínuo, que tem seu próprio sistema de moedas, porém aceita os cartões de crédito tradicionais do mundo físico para pagamento em lojas online. Atualmente, possui cerca de 137 milhões de contas ativas em 193 países e trabalha com 26 moedas em todo o mundo.

Através do seu sistema são processados em média 8 milhões de transações diárias. Em 2013, movimentou US$ 20 bilhões somente via dispositivos móveis. Em 2012, foram 145 bilhões movimentados.

Estima-se que o PayPal irá apresentar um crescimento de dois dígitos em 2013. Recentemente foi adquirido pelo eBay, contribuindo em 40% do seu faturamento em 2012.

5.10 FATOS RELEVANTES E COMENTÁRIOS FINAIS

Segundos dados da Febraban do primeiro semestre de 2013, o *mobile banking* já responde por 50% das transações online dos bancos.[49] A participação média mensal dos canais internet e *mobile* foi de 51%, em comparação com 46% no primeiro semestre de 2012.[50]

---

[49] http://computerworld.com.br/tecnologia/2013/12/19/mobile-banking-responde-por-50-das-transacoes-online-dos-bancos/

[50] A Febraban alerta, porém, para que os usuários não usem celulares que tenham sido desbloqueados ilegalmente por não serem elegíveis para as atualizações enviadas pelos principais sistemas operacionais: Android (Google) e iOS (Apple). É importante instalar tecnologias de segurança nos dispositivos móveis, assim como nos notebooks e tablets.

O setor financeiro concentra 19% dos ataques cibernéticos, segundo pesquisa da Symantec divulgada pela revista *Exame*, em 27 de novembro de 2013.[51]

Em 2016, um baixo retorno sobre o patrimônio fará com que mais de 60% dos bancos em todo o mundo processem a maior parte de suas transações na nuvem.

Em 2017, cerca de 40% dos serviços públicos com soluções de medição inteligente utilizarão sistemas analíticos de *big data* baseados na nuvem para atender às necessidades associadas a ativos, *commodities*, clientes ou faturamento.

---

[51] http://exame.abril.com.br/revista-exame/edicoes/1054/noticias/a-guerra-esta-so-no-comeco

6

CONCLUSÃO

Finalizo este debate, altamente motivador pela excelente oportunidade que me ofereceu de explorar os vários temas que compõem esta obra em maior profundidade, ao oferecer uma visão ampla e atualizada da dinâmica atual e das tendências da segurança cibernética, o que me deixa muito entusiasmado a continuar perseverando neste caminho, mesmo contra todas as adversidades e ainda sob a forte inércia para a tomada efetiva de ações práticas e objetivas. Durante esse processo, incríveis acontecimentos surgiram no mercado, aderentes a praticamente todos os capítulos. Quando concebi esta estrutura, tive o objetivo de oferecer em maior profundidade as perspectivas de algumas das principais dimensões do mundo digital, visando a prover conceitos gerais e suas interdependências com os fatores econômicos envolvidos, gestão governamental e sua identidade no universo digital. Pela velocidade e quantidade dos acontecimentos mais recentes, torna-se previsível supor que, ao longo dos próximos meses, muitos casos surgirão em sequência e/ou evoluirão daqueles casos e incidentes aqui citados, concretizando não apenas para os especialistas do setor, mas para a grande massa de usuários do ambiente digital, o valor e a importância crescente da segurança cibernética para a operação de negócios em um ambiente globalizado e sua existência nessa dimensão.

Apesar de toda dispersão que as manchetes advindas dos hackers ativistas criaram ao longo do segundo semestre de 2013, os dois fatos que considero realmente significativos e marcantes, e que irão mudar definitivamente o paradigma do segmento de agora em diante, foram:

a. O grande ataque à rede varejista Target após o feriado do dia de Ação de Graças.

b. A aquisição de uma empresa de segurança para resposta a incidentes, a Mandiant, por outra do setor, a FireEye, logo no início de 2014, atingindo a marca histórica de um bilhão de dólares.

Demonstrando um claro exemplo da dinâmica agressiva deste mercado, que diariamente nos surpreende de várias formas, quando produzi o Capítulo 5 descrevendo a dinâmica deste incidente, os números anunciados (já muito impactantes) eram de 40 milhões de cartões de crédito e débito roubados. Porém, alguns dias depois, exatamente em 10 de janeiro de 2014, por meio dos primeiros resultados da investigação publicados, esses números alteram-se substancialmente para a nova marca de 70 milhões de usuários atingidos! Esse novo patamar significa um aumento do impacto negativo do ataque em 75%, sem que ainda nem o FBI ou o Serviço Secreto (que normalmente investigam casos de fraudes em cartões de crédito) tenham divulgado qualquer informação quanto aos possíveis autores desse incidente, que afetou o volume inimaginável de 70 milhões de consumidores (num único ataque) durante o longo período em que esteve ativo, entre 27 de novembro a 15 de dezembro de 2013. Não é possível, portanto, afirmar se estamos diante de um caso de *hacking* externo liderado por um determinado grupo e/ou célula operacional (com eventual motivação terrorista e/ou financeira específica) ou se trata-se de uma fraude de origem interna, com participação de dissidentes/descontentes da empresa, como descrevi no Capítulo 3. Refletindo sobre os dados disponíveis, desenvolvi uma tabela retratando um cenário de perdas financeiras em torno de dois bilhões de dólares contra os 500 milhões de dólares que o mercado previu logo após o comunicado oficial em 19 de dezembro de 2013, porém vejo que talvez tenha sido conservador (apesar de que o valor de dois bilhões de dólares, se confirmado, será o maior montante de prejuízos de toda história de ataques cibernéticos), visto que agora temos 70 milhões de vítimas oficialmente confirmadas (veja a tabela de perdas diretas e indiretas no Capítulo 5). Em paralelo a essa análise que desenvolvi com base nas informações públicas do ataque (entre 19 e 30 de dezembro de 2013), a Target, em comunicado oficial ao mercado em 10 de janeiro de 2014, já confirma que as vendas no último trimestre de 2013 tiveram uma redução de 2,5%, além de acertos contábeis que serão necessários (inserção de altas provisões) para os pagamentos das diversas ações de indenizações aos consumidores lesados, bem como aos bancos e empresas de cartões de crédito.

Em sequência a esse grande ataque foram divulgadas, em 10 de janeiro de 2014, as primeiras confirmações oficiais de que outro ataque no mesmo período foi feito, desta vez contra a rede de lojas de alto luxo Neiman Marcus, com sede em Dallas, no Texas. Não se tem, porém, ainda qualquer informação do volume de vítimas desse novo ataque, sua origem e/ou autores. A empresa claramente está constrangida e, podemos dizer, confusa (nos blogs de segurança esta informação já circulava desde 1º de janeiro de 2014) em comunicar aos seus clientes de alto poder aquisitivo a respeito do incidente, além de preocupada com suas possíveis consequências, bem como quais serão os procedimentos no apoio e ressarcimento dos prejuízos à sua segmentada e seleta base de clientes.

Em paralelo ao forte ataque contra a Target, cuja proporção do impacto ainda não foi claramente definida, o outro fato relevante concreto foi a aquisição, no início de janeiro de 2014, da Mandiant pela FireEye por um bilhão de dólares. A FireEye é uma empresa especializada em *malware*, já tendo feito seu IPO, e com ações na bolsa Nasdaq, que adquiriu a Mandiant, especializada em respostas a incidentes com soluções para correções de vulnerabilidades que permitiram detectar ataques em minutos, em contraste com outros *players* mais antigos do mercado, que podem levar horas (ou dias) para apresentar uma saída.

A prova do sucesso desta aquisição foram os números publicados em 5 de agosto pela Fire Eye sobre as vendas do 2º trimestre, já após a fusão, superando as expectativas do mercado e apresentando vendas três vezes superiores a igual período de 2013. Destaca-se que a Mandiant é a mesma empresa que ajudou o Departamento de Justiça americano (DoJ) a acusar formalmente o governo chinês de *hacking* contra 141 corporações americanas ao longo de 7 anos de ataques e invasões provenientes da unidade do exército chinês conhecida como Unidade 61398, com sede em Xangai.

São dois fatos marcantes que demonstram claramente meu investimento de tempo ao escrever e o seu ao ler este livro, devido à importância da segurança digital. Ficamos para trás por anos em termos de prioridades pelos gestores de projetos e principalmente pelos CEOs/CFOs e os conselhos de administração das grandes e médias empresas, que nunca tiveram muito interesse (até o momento em que perdem um bilhão de dólares...) em dedicar seu tempo para analisar recursos e tecnologias de ponta nesta área. Lembro claramente dos diálogos de um almoço, em setembro de 2008, como Kevin Mandia, CEO da Mandiant, que é um profissional que admiro e teve a visão e coragem de construir sua empresa buscando atingir esse momento em que a segurança cibernética deixa de ser um assunto de média-baixa prioridade para tornar-se um dos três assuntos mandatórios da pauta dos executivos, pelo seu alto impacto econômico e financeiro a empresas e governos em todas as partes do mundo.

O pós-crise de 2008 gerou muita disponibilidade de recursos para as empresas de capital de risco e fundos de *private equity*, e subitamente muitos investidores saíram rapidamente em busca de ideias e novos ativos (inclusive empresas como a Mandiant). Fiquei parcialmente surpreso pelo volume de consultas, pareceres e telefonemas no início de 2014 com meus parceiros e colaboradores do setor nos Estados Unidos.

Minha meta com esta obra e suas derivações em palestras, seminários, bem como outros formatos em potencial, foi expandir o entendimento a respeito desses assuntos para o maior público possível de leitores/gestores/usuários digitais. Não tenho o objetivo de transformá-lo num especialista, mas sim apresentar elementos sólidos para seu diálogo e questionamento junto às suas áreas técnicas, prestadores de serviços, consultores e fornecedores e seus colegas na empresa. Quanto mais conhecimento você tiver, como gestor de um negócio ou simplesmente usuário da tecnologia Web 3.0, melhor e mais eficientemente poderá colher os frutos do incrível lado positivo e produtivo da internet sem, porém, menosprezar ou se esquecer dos riscos inerentes, estando atento e pró-ativo para desenvolver políticas de gestão dessas vulnerabilidades de forma madura, de acordo com seus recursos em compatibilidade para seus negócios e expectativas para este fantástico universo digital em contínua e fascinante expansão.

Impresso nas oficinas da
SERMOGRAF - ARTES GRÁFICAS E EDITORA LTDA.
Rua São Sebastião, 199 - Petrópolis - RJ
Tel.: (24)2237-3769